JN047383

あなたはあなたのままでいい

桑田真紀
Maki Kuwata

子どもの自己肯定感を育む
桑田家の子育て

講談社

東京ドームにて。父子３人で（右がMatt）

父・桑田真澄とMatt（0歳）

はじめに

はじめまして。Ｍａｔｔの母の桑田真紀と申します。現在、Ｍａｔｔのマネージャーとして、ＴＶ番組やＣＭ、雑誌の撮影現場などへの同行やスケジュール管理をしています。次男のＭａｔｔや長男、そして夫の桑田真澄とは違い、私はこれまで表には出てまいりませんでした。

そんな私がなぜ、このように本を出版することになったのか？　最初に説明させていただきたいと思います。

母親が息子のマネージャー。「熱の入ったステージママなのでは？」そんなふうに思う人もいらっしゃるようですが、実際はただただ必要に迫られて、私がやらざるを得なくなっただけでした。

Ｍａｔｔが今のようにメディアに出させていただくようになったのは、本人にとっても、家族にとっても、ほんの数年前には予想もつかないことでしたから。

最初こそ、夫のマネージャーさんがＭａｔｔの活動も兼務で担当してくれていましたが、その方がとある事情で辞めてしまったので、Ｍａｔｔをとてもよく理解していて一緒に仕事ができる人物は……という流れで、２０１９年春から、当時、専業主婦だった私が彼のマネージャーをやることになりました。

2年経った今でこそ、多少は慣れてきましたが、マネージャー業務をスタートした当時は、これまでは近所への買い物程度しか運転していなかった車で、ドキドキしながら都心の高速道路を使ってＭａｔｔを現場に送り届け、プロデューサーや編集者たちのお話を「？」で頭をいっぱいにしながら聞き、打ち合わせや撮影のスケジュールのやりくりを必死でこなす日々でした。

今となっては記憶がないくらい、いっぱいいっぱいな日々。出演料の相場もわからないので、ＣＭの打ち合わせの際には代理店の方にこっそり「Ｍａｔｔって今、おいくらなんでしょう？」と聞いたりしていた、それくらい、ど素人《しろうと》のマネージャーでした。

世間の皆さんがＭａｔｔのメイク、ファッション、言動にさまざまな意見をお持ちなことは承知しています。特殊だと思われても仕方ないことも。ただ、私自身はＭａｔｔがメディアに出た当初から、〝Ｍａｔｔメイク〟と言われる彼の容姿にも、生き方にも、親としてネガティブな気持ちはありませんでした。

「桑田真澄の息子なのに、なぜ、野球をやらないの？」と周囲に思われることはＭａｔｔが成長する中で、いくらでもありました。だけど、決してそれに囚われずに小さいときから彼が何をしたいのか、何を大切にしているのかに耳を傾けてきました。なぜなら、Ｍａｔｔの人生は彼のもの。親だからといって、自分の価値観を押しつけてはいけないという思いからでした。

そういうふうに考えたのは、私の母が実の親に育てられてこなかったという背景も大きかったのかもしれません。「子どもは子ども、親は親。別人格である」という意識で私も両親に育てられました。

「桑田真澄の息子」――。周囲からは野球をやって当然と思われる家庭に育ったＭａｔｔです。だけど彼が生まれたときから私の願いは、たったひとつ。親や周囲の期待によってではなく、Ｍａｔｔが心からやりたいと願うこと（それが野球でも野球じゃなくても）を見つけてほしいというものでした。

そして、それを精一杯サポートすることが、自分の役割だとずっと心に決めてきました（さすがに、芸能活動をする彼のマネージャーをやるとは思ってませんでしたが（笑））。

そうは言っても日常生活のなかでは親として「大丈夫かな？」と息子たちに対しての心配があふれる場面はいくらでもありました。そんな時は、親として強がるのではなく、自分の迷いや不安な気持ちを言葉にして、息子たちに伝えることを心がけてきました。彼らの考えや行動に「口を出す」のではなく、私の気持ちを「口に出す」。親だって人間。いつだって正解を言えるわけではないし、そしてそれほど強くもはありません。だからこそ、口に出して、子どもと一緒に考えてみることをしてきました。

Ｍａｔｔのマネージャーとして立ち会う現場でスタッフの方たちとお話しする機会が増えたころから、

「どうしたらＭａｔｔさんみたいな前向きなお子さんが育つんですか？」

「どうやって育てたら、あんなにブレずにいられるんですか？」

と、尋ねられることがとても多くなりました。

だけど、私としては特別なことをしてきたつもりはまったくないので、その場でなかなかうまく答えられません。そのことにもどかしさを感じていたこともあり、今回このような機会をいただいたことをきっかけに、改めて、親としてどういうことを心がけていたか想い起こす作業をいたしました。


子育てにはわかりやすい正解がないし、仕事のような期限もない。だから「私の子育て、間違っていないかな？」と、不安になることもたびたびあります。私自身、子どもたちが小さいころはもちろん、息子たちがとっくに成人した今ですら「これでよかったのかな？」なんて、思い迷うこともあります。

私はなにかの道を極めたプロでも、ましてや教育者でもありません。

ですので、この本は決して「子育てはこうすべき！」といった、アドバイスの詰まった育児書ではありません。本書を子育てをしてきた一人の母親の育児回顧録として読んでいただければ幸いです。

僭越《せんえつ》ながら、私の経験が、今、子育ての悩みや迷いをお持ちのかたの一助になったら、これほど嬉しいことはありません。

２０２１年春　桑田真紀

目次

はじめに　5

第1章
「野球やらないなら、家を出ていかないといけないんでしょ？」
～野球ファーストという「見えない物差し」～

特別なナンバー「18」　20
生まれたときから「桑田真澄の息子」　22

体格、運動能力は親譲り。あとは野球に「目覚め」待ち　23
野球ではなく、夢中になった室内遊び　25
あまりにも違う兄弟の性格　26
離れた土地の野球チームでプレー　28
ネクストバッターズサークルでバットを椅子に　30
挫折しそうになった兄へＭａｔｔがぶつけた言葉　32
Ｍａｔｔを誰かと比べない。親とも、兄とも、比べない　34
「なんで真剣に野球やらせないの？」　35
野球を続ける？　やめる？　決断のとき　37
Ｍａｔｔのトイレ立てこもり騒動　39
子どもが敏感にキャッチする「物差し」　42

第2章

「Ｍａｔｔはどう思う？」
～先回りをしない子育て～

父親がリハビリで弾いていたピアノがきっかけ　48

Ｍａｔｔが夢中になれた音楽　50

この子は何に向いているんだろう？　53

コロコロ変わるＭａｔｔの楽器　54

〝違う〟と思ったら、次に行っていい　56

結果、遠回りになりがちな親の「先回り」　59

自分で決めることで生まれる「強さ」　61

「野球ファースト」な家庭内での「Ｍａｔｔの音楽」　62

子どもの好きなことを一緒に楽しむ 64
難しい思春期にも怯まずに「口に出す」 66
「それで？　それで？」の合いの手効果 68
子どもの話は自由気まま。結論を急がない 70
先生との大衝突。「学校辞める！」 71
トラブルは大きな成長のチャンス 74

第3章 「僕は大丈夫だから」
～好きの熱量が子どもを強くする～

きっかけは留学中の一枚のハロウィン写真 80

「Ｍａｔｔ、その感じでＴＶ出て大丈夫？」 82
ＴＶ初出演後の想像を絶するバッシング 84
〝Ｍａｔｔは桑田真澄の顔に泥を塗った〟の？ 86
「負けてたらダメなんだ」息子の強さを感じた夜 87
父親譲りの打たれ強さ 90
Ｍａｔｔの〝好き〟は彼のもの。矯正したいとは思わない 93
思いがけずにブームになった「Ｍａｔｔ化」 95
長嶋茂雄さんからの嬉しいお言葉 96
Ｍａｔｔの「メイクの目覚め」 97
Ｍａｔｔメイクは〝ほぼ絵画〟 99
坊主頭にはいつもバンダナ 101

第4章

「あなたはあなたのままでいい」

～子どもは親とは別人格～

いつも私の選択を応援してくれた両親 106
子どもは親の所有物ではない 107
ナーバスになった初めての子育て 109
「野球人はパパだけ」という線引き 112
「口を出さずに見守る」が夫婦の決めごと 113
目上の人を敬う礼儀 116
夫が現役時代の家族の光景 118
子どもを守る。家族を守る。 119

Mattさんが語る、母・真紀さんへの想い　124
おわりに　134
子育てQ&A　141

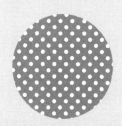

第1章

「野球やらないなら、家を出ていかないといけないんでしょ？」

～野球ファーストという「見えない物差し」～

特別なナンバー「18」

Ｍａｔｔが生まれたのは１９９４年7月18日。２歳違いの長男が8月10日に生まれたとき、当時、読売ジャイアンツの選手だった夫が「僕の背番号と同じ、１と8が入ってる！」とそれは嬉しそうだったので、２回目の出産もできるなら〝18〟に関連する日に産んであげたいなと意気込んだのを覚えています。

予定日的にもちょうど18日に生まれそうなタイミングではあったので、陣痛が始まって病院に行った際には「なんとか18日中に産みたい！」と願いました。そこで私の望みどおりに、するっと生まれてきたのがＭａｔｔです。

子どもの誕生日も自分の背番号「18」にちなんで思いを馳せる、夫にとってはそれほど野球がすべてだった巨人の現役時代に生まれた息子たちです。子どもが男の子だとわかったときも、それは喜んでました。

Ｍａｔｔというのは本名ではありませんが、長男もＭａｔｔも、海外のかたにも名前を覚えてもらいやすいようにと、家庭内では本名に由来する〝Ｍａｔｔ〟という愛称で、お腹にいたころから呼んでいました。

息子たちに「海外でも覚えてもらいやすい愛称」を。そう思ったのは、現役時代の夫と外国人選手との交流が発端でした。

現在もそうですが、夫が現役時代の当時も読売ジャイアンツには、ビル・ガリクソン選手をはじめ何人もの外国人選手がプレーしていました。夫は彼らとコミュニケーションを自分で取れるように独学で英語の勉強をスタートしたのです。

学生時代もプロに入ってからも、特に留学などの海外経験はなかった夫ですが、辞書を引きながら、彼らと身振り手振りで話していくうちに、難なくコミュニケーションが取れるようになっていました。

言葉もわからず、慣れない日本でプレーする彼らを、なんとか盛り上げたいという気持ちがあったと思いますし、なによりチームの勝利のためには、彼らとのコミュニケーションが欠かせません。

そのような流れで、夫がチームの外国人選手の方たちと仲がよく、オフの日には外国人選手の彼らを家に招くことも多かったものですから、外国のかたでも呼びやすい愛称で、夫も私も息子たちのことを呼んでいました。

生まれたときから「桑田真澄の息子」

息子たちが生まれたときから、周囲は当然、彼らはプロの野球選手を目指すんだろうと思っていました。夫も口にこそ出しませんでしたが、それを望んでいるのは私にもわかっていました。

例えば代々お医者さんの家に生まれたお子さんに、将来医者になることを周囲が期待するように、長男もＭａｔｔも、「将来はプロ野球選手」という期待の中に生まれ落ちた子どもたちでした。

夫が現役だった当時は、家族で外出するプライベートな時間にも、まったく知らない人に「昨日の桑田の試合は……」なんて、いきなり話しかけられることは日常茶飯事でした。

負けて罵倒される日もあれば、勝って賞賛される日もある。家族旅行の新幹線のホームで突然、知らない人から、なぜか涙ぐみながら拝まれたことも。

そういう光景も見てましたから、「野球選手」という仕事は息子たちにはもっとも近い職業でした。そして、自分がパパのような野球選手になることを、周囲が期待していることも、子どものころから息子たちは充分感じて育ったのです。

体格、運動能力は親譲り。あとは野球に「目覚め」待ち

Mattは生まれたときは2000gちょっと。枯れ木のように細くてこの子、ちゃんと育つのだろうか?と心配になるほどでしたが、その後は今の姿からもわかるとおり、どんどん大きくなりました。

幼いころから運動は得意なほうでした。学生時代はずっとリレーの選手で、走るのも速いし、力もあります。ボールを投げさせれば、かなり速い球を投げられました。

小学生時代の野球ではレフトを守っていたのですが、小学生なのにホームラン級のボールを見事にキャッチし、コーチの指示を無視してファーストまでノーバンで投げ返したりして、周りを驚かせたこともありました。

ちなみにＭａｔｔの体格や筋肉の質が、すごく野球選手向きみたいで。Ｍａｔｔが大きくなってから、夫が彼の脚を揉んであげることが時々あったのですが、「野球をやってたら、きっといい選手になったよな～」なんて呟《つぶや》くほどで、本来の身体能力は低くはなかったのでしょう。

私自身は、Ｍａｔｔが野球をすること自体は体力もつくし、とてもよいことだと思っていました。周囲の期待を背負わせることはさせたくないけれど、野球をやらせない理由もないので、とりあえず小学校に上がると同時に野球をやらせることにしたのです。

野球ではなく、夢中になった室内遊び

小学生から始めた野球でしたが、Ｍａｔｔはいつまで経ってもまったくと言っていいほど、野球に夢中になりませんでした。スポーツは嫌いじゃないけど、野球の練習でボールを追って、泥んこになるのを嫌がって嫌がって。その一方で、家の中で美しいものを見たり、お絵かきをしたりすることには夢中になる子どもでした。

夫は試合で遠征も多く、家にいる時間は少なかったのですが、私は子どもたちと一緒にいる時間が長かったので、Ｍａｔｔが野球にまったく興味を持っていないことに夫よりもずいぶん早く気づいてしまったんですね。

この子は野球選手になろうとはしないんじゃないか——。私は早い時期からそう感じていました。

そもそも、プロの野球選手になるなんて、生半可な努力でできることではありません。一番近くで誰よりも野球に心血を注いできた夫を見ていれば素人の私でもわかり

ます。人生のすべてを野球に捧げる覚悟が必要です。

試合に勝った日も負けた日も、自分の投球をビデオに撮って夜中まで繰り返し見直して、研究して、オフの日だろうが、家族との旅行中だろうが、ひとときも野球のことが頭を離れない、野球が生活そのものだった夫でした。

あまりにも違う兄弟の性格

野球に関して言うと、長男とＭａｔｔは正反対。

長男は、幼いころから野球への興味に目覚め、プロを目指してそれはもう一生懸命練習をしていました。小学校に入ると夫が主宰する少年野球のチームに入り、学校以外の時間はすべて野球の練習。

当時、夫は時間があると、よみうりランド近くの巨人の練習場に連れて行って、幼い息子たちに野球を教えていたのですが、長男はいつだって真面目に練習していました。

初めての子どもで、夫もその年齢の子にどの程度の野球技術が、一般的にあるものなのかが今ひとつわからなかったのでしょう。長男のやる気がイマイチ感じられないと、「イヤイヤ練習するなら、家でゲームでもやったら?」なんて言ってしまうこともあったそうです。

とにかく野球が好きな長男にとっては、怒鳴られるより怖い一言。気持ちを引きしめ、絶対に帰らず、泣きながらでも、夫の指導にくらいついていきました。

当時の長男との練習を通して、夫は子どもにはどんなふうに指導すれば効果的なのかという気づきがあったようです。そしてそれは、その後、少年野球のチームを作る際に大いに役立ったそうです。

一方、次男のＭａｔｔは小学生時代は真正面から「野球をやりたくない」とははっきり言わなかったけれど、もし夫に「ゲームでもすれば?」なんて言われたりしたら、「ラッキー」とばかりに嬉々として家に帰っちゃう勢いでした。だから、長男にはとにかく厳しかった夫ですが、私から見てもＭａｔｔに対しては、なだめすかすようにというか、優しめでしたね。

子ども時代のＭａｔｔは、いつまで経っても野球に興味ゼロでした。打ったり、投げたりすること自体は面白いと思っているようでしたが、兄と同じような情熱で野球にのめり込めない様子でした。

そこでＭａｔｔは小学校入学と同時に、私の姉が住んでいた土地の少年野球のチームに入れることにしました。なぜなら、これほどモチベーションの違う兄弟二人が同じチームにいるのは、周囲も二人をどうしても比べてしまい、長男とＭａｔｔのお互いにとってよくないだろうと考えたからです。

夫や長男のことを知らないチームでのびのび過ごしてほしい。もし私の予想に反して野球に興味が湧いてきたら、その時にまたあらためて判断しようと思っての決断でした。

離れた土地の野球チームでプレー

選択① 兄と同じチームに入れて、無理やりにでもやらせる。

選択② Ｍａｔｔは野球に向いてなさそうだから、やらせない。

我が家のＭａｔｔに関する野球方針は、このような0か100かで考えるのではなく、少し親の手間は増えてしまうけど、その子の適性に合った方法を考えることでした。

そのほうが兄も弟も居心地の悪い思いをすることなく、それぞれがのびのびとやっていけるだろうと考えたからです。

もし無理やり野球を頑張らせていたら、Ｍａｔｔはストレスでいっぱいになってしまっただろうし、生粋の野球少年だった兄も、その真面目さゆえに奔放な弟をフォローしきれず、周囲に対して気まずい思いをして、野球に集中することができなかったでしょう。

親と子が別人格であるように、兄弟だって別々の人間。タイプが違うのは仕方のないことだと思いましたので、兄弟の気質の違いを考慮して、こういった間をとる選択をしました。

ネクストバッターズサークルでバットを椅子に

そんなふうに小学校入学後のＭａｔｔの野球生活が始まったのですが、私は週末の土日とも、家事のほかに長男の少年野球チームの手伝いやら送迎があってなかなかＭａｔｔの野球に付き添うことが難しかったため、私の父に応援を頼みました。

父が金曜日の夜にＭａｔｔを車で1時間ほどの姉の家まで送り届け、そこに泊まって土曜と日曜の朝の練習に参加。その後、また父が我が家までＭａｔｔを送り届けてくれるというのが、あの頃の週末の過ごし方でした。

しかしながら、Ｍａｔｔはいつまで経っても真剣に野球をやらないんですよね。練習試合では、ネクストバッターズサークルに向かうときも、バットを引きずりながらダラダラダラダラ。そこで待っている間も、お尻が汚れないようにバットを椅子にして座っちゃう。ヘッドスライディングなんてユニフォームが汚れるから、もってのほか。かけ声も出しません。

試合に出れば必ずと言っていいほど、打てるし守れるものだから、試合には出させていただいていたのですが、まったく真剣にやらない。一緒に野球をやっていた、いとこたちからも「Ｍａｔｔ、今日もちゃらんぽらんだったよ〜」と言われることも多く、そのたびに「やっぱり……」と思ったものです。

練習に飽きてくると、グラウンド上でこっそり自分の鼻をいじり、わざと鼻血を出して練習を抜け出そうとしたことも！　Ｍａｔｔのああいう姿を見てたら、プロ野球選手を目指すように仕向けようなんて、とてもじゃないけど思えませんでした。

姉のところには、同年代のいとこもいましたし、チームメイトもなんとなくＭａｔｔが〝桑田真澄の息子〟ということに気づき始めていましたが、Ｍａｔｔの根っからの明るい性格と、清々《すがすが》しいほどの野球への執着心のなさに、所属していたチームでは小学校の6年間、彼をライバル視したり敵視するお子さんも現れず、のびのびと過ごすことができました。

Ｍａｔｔは他のお子さんとは野球に向き合う姿勢がまったく違っていたけれど、そこは個性と割り切って私からは、特に注意もしませんでした。

もし彼が、将来野球選手になりたいと希望していたなら、もっと厳しくもしましたが、グラウンドでの彼の姿を見ていたら、もう何を言っても変わらないことはわかっていました。

挫折しそうになった兄へMattがぶつけた言葉

一方、野球にすべてを捧げていた長男は小学校卒業後、中学、高校、大学もすべて、野球基準で進学先を選び、BCリーグの新潟アルビレックスなどでプロの選手としてプレーすることが叶いました。そして、2019年に引退するまで、まさに野球漬けの人生を送ってきました。

こうやって兄弟それぞれの特性に合わせて、野球と向き合ってきた息子たちでしたが、忘れられないエピソードがあります。

Ｍａｔｔが大学生、長男が独立リーグに入ってしばらくしたころのことでした。小さいころから野球が好きで好きで、その道を走り続けていた長男が珍しく「もう野球をやめたい」と弱音を吐いたんです。学生時代とは違い、厳しい世界に身を置く長男を私も夫も心配していたので、その言葉に夫婦そろって何も言えなくなってしまいました。

その時、誰よりも先にＭａｔｔが突然「貫いてよ！」と怒り出したのです。大学生になっても、野球に興味がないのは相変わらずだったので、「つらいなら僕みたいに辞めちゃいなよ」と軽く言うのかと思っていた私は驚きました。

「僕は野球をやめちゃったけど、お兄ちゃんはプレッシャーの中で野球を続けてきたじゃない。お兄ちゃんがそうやってがんばってくれたからこそ、僕だってがんばってこれたんだよ。だから、やめるなんて言わないで。貫いてよ」と。

Ｍａｔｔなりに、野球に心血を注いできた兄をずっと応援していたし、自分が野球を選ばなかったことで、兄がプレッシャーを一身に背負うことになってしまったことを申し訳なく思っていたのでしょう。そして自分が選ばなかった、いわば〝家業〟のような野球を継いでくれた兄への感謝の気持ちも持っていたのです。

その後、長男はMattの言葉で一念発起し、踏みとどまりました。

Mattを誰かと比べない。親とも、兄とも、比べない

「お兄ちゃんはパパのように、一生懸命野球を頑張っているのに、あなたはなんで頑張れないの？」

夫も私も、そんな風にMattを責めたことは一度もありません。長男をはじめ、野球少年たちと接する機会がたくさんありましたが、Mattを誰かと比べることはしたくなかったのです。

「お兄ちゃんはあなたの年には、こんなことができたのに」なんて、絶対に言ってはならない言葉だと思ってました。

そもそも私自身が野球をやったことがないのに、偉そうなことも言えません。ただ、感想があるときは、「ママはMattではないし、やったことないからよくわか

らないけど……」と前置きしたうえで、もうちょっとこうしたほうがいいんじゃない？と本人の意思を尊重する形で、折に触れて話し合ってきました。

我が子に何が向いているのか？　その子が夢中になれるものはなんなのか？　それを見極めるのは本当に難しいことです。

同じ親から生まれて、同じように育った兄弟だとしても、同じ人間ではないので。第一子がこの年齢のときにこれをさせたから、第二子にも同じタイミングで同じことをさせるっていうのは、一見平等なようでいて、平等じゃないと私は思っています。

もちろん、本人が望むのなら話は別ですが。見極めは難しいかもしれませんが、とにかくよく子どもの言動を気にかけて、その子が心地いい環境を作ってあげる。そこが大事だと思うのです。

「なんで真剣に野球やらせないの？」

野球に関しては、Ｍａｔｔのことは周囲に〝見せない〟ようにしてきました。長男が入っていた少年野球のチームでは、みんな野球をまじめに一生懸命やっていて、チームメイトである子ども同士もお母さん同士も仲が良く、幼いMattもとても懐いていました。

だけど、チームに入るとなったら、チームメイトやお母さまがたは受け入れてくれたでしょうけど、あきらかに本人にやる気がないのに、足が速かったり、ちょっとばかり肩が強かったりするのを、Ｍａｔｔの性格や好きなことをよく知らない他人が見れば、「できるのに、ちゃんとやらないのは、もったいない」「なんでもっと真剣にやらせないんだ」となってしまうことが想像できたからです。

Ｍａｔｔは桑田真澄の息子ですが、桑田真澄ではないし、彼には彼のやりたいこと、そして彼にしかない良さがある。だからＭａｔｔを守るためにも、長男と同じチームでは野球をさせない、話題に上らないように自宅から離れた野球チームでのびのび野球をさせる。その点は配慮していました。

もちろん、周囲のかたも悪意があるわけではありません。Ｍａｔｔをよく知らなければ、そう思うのも当然です。

だけど、「野球選手を目指すべきだ」と言う人たち自身が、彼の人生を歩むわけじゃない。だったら、本人の意思を無視してまで、そこに耳をかたむけてはいけないと思っていました。

野球を続ける? やめる? 決断のとき

夫は幼いMattを見ていて、体格的にも運動神経的にも野球に向いていることに気づいていました。今はまだ野球への興味に目覚めていないだけで、いつか野球に夢中になってくれるんじゃないか……そんなふうに心の中で期待していたのです。だって夫にとって、野球は人生のすべて。素質を感じ、さらに野球をする環境にも恵まれているのに、本気で野球に取り組もうとしないことがいまひとつ、理解できなかったのかもしれません。

Mattが小学6年生のころ、夫は地域の中学生を対象にした「麻生ジャイアンツボーイズ」というボーイズリーグのチームを運営していました。そこに入るには、投げる、打つ、走るなどの基本的なテストや親子の面接もありましたし、夫の野球チームに入りたいというお子さんがたくさん来てくださって、入るのは狭き門でした。長男も小学6年生のときに試験を受け、そこで日々、練習に励んでいたのです。

Ｍａｔｔが中学生以降に、野球を本格的にやるならば、6年生でその夫のチームのテストを受ける必要があり、姉の家の近所のチームでのんびり野球を続けていたＭａｔｔにも、それを受けるかどうか、つまり野球を本気でやるかやらないかを決める、デッドラインが迫っていました。

夫は普段から、子どもたちに野球をやれなんて決して言いませんでしたし、そんなそぶりを見せたこともありません。

だけど、周囲の期待をやっぱりＭａｔｔなりに感じていたんでしょうね。Ｍａｔｔが6年生に進級したころから、私とＭａｔｔは折に触れ「そろそろ決めなきゃね」と話してはいました。

Mattのトイレ立てこもり騒動

そして入団テストの申し込みが近づいたある夜、二人で「明日、パパに野球は小学校でやめるって話そうね」と決めたのです。

しかしMattはすごくナーバスになっていて、「野球をやらないことは決めたけど、そう伝えたら僕はもう家を出なきゃいけないんだよね? 野球をやらない人は、この家にはいちゃいけないんだもん」としきりに言うのです。私が「そんなバカなことあるわけないでしょ? だったらママだって家を出なきゃいけないじゃない」と言ってもMattの不安は消えません。その後どうにかなだめて、夫にも「明日、Mattが野球チームのことで話があるそうよ」と伝えました。

でも翌日になっても、Mattはいっこうに話す気配を見せません。そこで夫がMattの部屋に行き、「野球の返事なんだけどさ……」と切り出した途端、Mattが「やらない! やらないって言ってるじゃん!」と叫んで出てきて、部屋の隣にあったトイレに閉じこもってしまいました。

普段から明るく、どこに出ても物怖じしないＭａｔｔがパニックになってしまい、私も夫もただただ驚くばかり。どんなに「怒らないから出てきなさい」と言っても、「野球やらないなら、僕はこの家を出ていかないといけないんでしょ？」と言って、もう大泣き。

夫も困ってしまって、「そんなことないから」「野球をやってもやってなくてもＭａｔｔは大事な家族なんだから大丈夫だよ」と、長い時間、言葉を尽くしました。あまりに聞かないので、しばらく落ち着かせようと私たちがトイレの前を離れて1時間くらい経ったころでしょうか、Ｍａｔｔがこそこそっとトイレから出てきました。

今、思い返せば笑ってしまうような出来事ですが、当時12歳のＭａｔｔにしてみれば必死だったんです。子ども心に夫が真摯に野球と向き合う姿を見て育ち、夫がどれだけ野球を愛しているかをわかっていたんですね。それでも、自分が夢中になれるのは、兄のように野球ではないから、頑張れないということもわかっていたんでしょう。

普段の我が家は夫も長男も時間があれば素振《すぶ》りなどの練習を始めるし、いとこが遊びに来ても、夫の関係のお客様が来ても、話題の中心は野球の話。家族でテレビを観ていて、盛り上がるのは甲子園などの野球の試合で、休日に庭でするのはキャッチボールと、何もかもが野球、野球、野球な家でした。

そんな家庭環境にあって、「僕は野球をやらない」と夫に伝えるのは、何事にも強気なＭａｔｔであっても、幼い彼にとってどれほど勇気のいることだったか。

当時はそこまで理解できていませんでしたが、その気持ちを考えるとちょっぴり胸が痛みます。

ちなみにその騒ぎを見ていた長男は、「Ｍａｔｔが野球、続けるわけない」とずっと思っていたそうです。またＭａｔｔが野球を続けないなら、僕が頑張らなくてはと、プレッシャーも少しだけ感じていたようです。そして夫は、今はまだやる気にならなくてももしかしたら気が変わるかも、とその時点では淡い期待を抱いていたそうです。だけど私は「これでもう、Ｍａｔｔは野球とはすっぱり縁を切るつもりなんだな」と母親として覚悟を決めていました。

当時は、まさかＭａｔｔが現在のような音楽活動をするとは想像すらしていないころでしたので、野球にかかわる夢中になれるものをＭａｔｔがこれから見つけられるといいなと願っていました。

子どもが敏感にキャッチする「物差し」

親が気にも留めていないなにげない言動やその家の「物差し」を、子どもは敏感にキャッチしているんですね。我が家の場合は野球でしたが、勉強、スポーツ、芸事、商売、親の価値観などによってその家庭で求められる「物差し」はたくさん存在しています。

Ｍａｔｔのトイレ立てこもり騒動で学んだのは、子どもの視野はとっても狭く、彼らにすれば家庭こそが世界のすべてだということ。だから、私たち大人にとっては大したことじゃなくても、そこに混乱が生じるとパニックに陥ってしまいます。

「そんなの大人になったら大したことないってわかるわよ」とついつい、大人は過ぎ去った自分の経験から言ってしまいがちですが、子どもにとっては生きるか死ぬかくらい、重く受け止めてしまうこともあるのです。

今のお子さんたちは息子たちの小さいころよりネット環境が身近にあるぶん、様々な情報が入りやすく、いろんな人と比べたり比べられたりして、とても大変ですよね。お子さんたちが世界を狭めることなく、成長できたらいいのになと思います。

私も夫も度肝を抜かれたＭａｔｔのトイレ立てこもり騒動ですが、それを経て、野球ときっぱりお別れをした中学生活では「野球をやらない」ということに対して、家の中でも外でも弱気になることはありませんでした。

学校などで「なんで野球やらないんだよ。僕が桑田真澄の息子なら絶対やるのに」と、何も知らない野球部の顧問の先生に言われても、「僕はいろんな才能に溢れた人間なんです。医者やピアノの先生の子どもだからといって、同じ道を辿るとは決まってないじゃないですか。

野球選手の息子だからって、どうして僕が野球をやらなければいけないんですか？　僕は誰かが敷いたレールには乗らない。自分の人生は自分で築くものです」と堂々と返していたといいます。今考えると、中学生にしてはちょっと生意気ですけどね（笑）。

だけどこう言うと、二度とその質問はされなかったので楽だったそうです。

もし夫や私がＭａｔｔの野球をやらないという彼の意志を受け入れずに、「テストを受けろ」「野球を真剣にやれ」とそれでも強要していたら、彼はそんなふうには言えなかったかもしれません。

Matt5歳の誕生日に父からウィニングボールのプレゼント。

第2章

「Mattはどう思う？」

～先回りをしない子育て～

父親がリハビリで弾いていたピアノがきっかけ

小学校卒業と同時に野球に別れを告げたMａｔｔでしたが、夫や長男にとっての野球のように、Mａｔｔが夢中になれるものはなんだろう？　そう考えたときに頭に浮かんだのが、音楽でした。その熱量は野球のそれとは明らかに違っていました。

Mａｔｔが小学1年生のころ、肘を痛めた夫がリハビリとしてよくピアノを弾いていました。それを見て「僕も弾きたい！」と練習を始め、ピアノ教室には通いませんでしたが、自分から学校の先生やピアノの上手なお友達に弾き方を教えてもらって、ベートーヴェンの「エリーゼのために」をあっという間に弾けるようになりました。その後、小学校4年生のころには、やってみたいというので近所のバイオリン教室にも通ってみたりして。

当時、私はMａｔｔが音楽をやっている姿を見るのがすごく好きだったんです。野球をやっているときには見ることのできなかった、楽しそうでイキイキとした彼の表情が見られたからです。

それもあり、入学した地元の公立中学校では吹奏楽部に入部しました。著名な先生に師事するなど、特別なレッスンを受けさせたりはせずに、習うのは近所のお教室の先生や部活の顧問の先生・先輩方からのみ。それでも、自己流ながら楽器と触れ合ううちに、Ｍａｔｔの中でどんどん音楽への興味が育っていきました。

そこからは、それはもう水を得た魚という感じで、脇目も振らず音楽へとのめり込んでいったのです。その結果、高校、大学ともにサックスの演奏を認められて推薦入学することができたのだから、あの時、野球をなしくずしに続けていくのではなく、自分の〝好き〟を選択ができて本当によかったと今でも思います。

Ｍａｔｔは昔も今も嫌だと思ったことは絶対にしませんが、好きなことならどこまでも努力し、労を厭わないタイプです。例えば、私の知らない間に「桜美林大学の芸術文化学群の音楽専修に行きたい」と、オープンキャンパスなどに足繁く通い、そこで知り合った大学の先生に猛アピール。面接を親に何の相談もなく受けて、知らない間に合格通知証をもらってきました。

Ｍａｔｔが音楽をやりたいと言ったとき、実は内心驚いていたんです。というのも私自身が、高校生のころに歌手を目指していたからです。Ｍａｔｔにその時点でその話をしたことはなかったのですが、事務所にも所属し、歌手になるためのさまざまなレッスンを受けたりもして。だけど私は、音楽自体はすごく好きでしたが、絶対に歌手になるんだ！　というＭａｔｔほどの情熱がなく、当時全然興味がなかった「ロックを歌ってみないか？」と事務所から言われた時点で、「あ、やっぱり違うかも」と音楽への興味を失ってしまったのです。

そんな過去があったので、Ｍａｔｔが音楽を選んだことを感慨深く思っていました。

Ｍａｔｔが夢中になれた音楽

どんな仕事をするにせよ、〝好き〟という気持ちの熱量がすごく大事なのだと思います。夫が何回怪我をしても、どんなに世間からバッシングを受けても野球をやめなかったのは、野球への愛が誰よりも強かったから。

それと同じで、TVに出始めのころに、そのビジュアルからいくらバッシングされてもＭａｔｔが押しつぶされなかったのは、音楽が好きで、自分はそれで生きていきたい――その強い気持ちがあったからこそなのでしょう。


いくつもの楽器を独学で弾きこなしてきたＭａｔｔですが、歌だけはそれほど上手くありませんでした。本人もそれを自覚していて、大学生になってから発声のレッスンに通うようになりました。すると、みるみるうちに声質が一変したのです。やっぱり、好きなことは上達がはやいものです。

２０２０年2月に行われた「東京ガールズコレクション」という大きい舞台で、歌を歌うことができた際には本人がすごく楽しそうでしたし、私自身も嬉しかったです。

持って生まれた素質と同じくらい、〝好き〟の熱量って、すごく大事なんだと、夫やＭａｔｔを見ていると、痛感します。


また歌以外でも、音楽でチャンスをいただくことがありました。それも大舞台、

２０１９年年末の第70回「ＮＨＫ紅白歌合戦」。歌手の天童よしみさんの曲のピアノの伴奏をさせていただきました。

出演依頼をいただいたときは本当に光栄でしたし、嬉しかった反面、何しろ初めての経験ですから、新人マネージャーの私は失礼やミスがあってはいけないと何日も前からドキドキしっぱなしでした。

リハーサルも本番も、他の出演者の方々は何人もマネージャーさんがついてきているのに、Ｍａｔｔは私と二人だけ。前日のリハーサルで初めて、朝早くに現場に入るものの、終了は深夜になることに気づきました。とにかく出演者、関係者が膨大な紅白歌合戦ですので、ずっと控え室にいても気ぜわしいし、疲れてしまいます。前日になってそのことに気づき、急遽ＮＨＫの近くのホテルを休憩場所として、予約したりして。何もかもが不安で不安で、無事に終わったときは安堵のあまり、涙が出ました。

それでも、音楽が大好きなＭａｔｔが、日本中が注目する音楽の大舞台でピアノの伴奏ができたことは、感無量な出来事でした。

この子は何に向いているんだろう?

私は息子たちの人生の選択に関して、「こうしなさい」と言ったことはありません。呑気《のんき》と思われるかもしれませんが、学校選びにしても職業選びにしても、まずは本人の意見を尊重してきました。

なぜなら、息子たちは確かに私から生まれましたが、子どもと親はあくまで別人格。一心同体ではないし、ましてや所有物ではないという思いがありました。後述しますが、この考えは、私の母が血の繋がった両親ではなく、育ての親の元でたくさんの愛情を注いでもらい育ったことが少なからず影響しています。

だから、「こう生きてほしい」なんて私が考える理想の押し付けは、親のエゴ以外の何物でもない。そういう考えでずっと子どもと接してきました。

「野球」という圧倒的な要素が家庭内にありながら、子育ての中で母親である私ができることは、「この子は何が好きなんだろう？　何に向いてるんだろう？」と子どもを観察しながら見守ることだけでした。

そして、子どもたちが必要としたときに、必要な形でサポートをする。長男に対してもＭａｔｔに対しても、そこは強く意識してきました。

ただ、将来の仕事になるような向いてることや好きなことがいつみつかるのかは、人それぞれ。幼くしてみつかる子もいれば、大人になってもなかなかみつからない場合だってあります。我が子への愛が強いからこそ、親としてはヤキモキもします。子育てって本当に、忍耐が求められるものと感じます。

コロコロ変わるＭａｔｔの楽器

子どもは日々変わっていく生き物です。今日、これが好きって言っていたとしても、翌日になったら興味がまったく別のものに変わっているなんてことは日常茶飯事。

私も子育て中は子ども（おもにＭａｔｔ）のその気まぐれぶりに翻弄されてばかりでしたが、「ついこの前はこう言ってたじゃない」なんて言わずに、常に選択権は子どもに持たせるようにしていました。

親が押し付けたのではなく、自分が選択したものという事実がないと、後々《のちのち》つらくなったときに踏ん張りがきかなかったり、耐えられないと思ったからです。

中学校で吹奏楽部に入ったときも、1年生のころはドラムを担当していたのですが、2年生になった際には「やっぱり叩くだけじゃつまらない、管楽器をやってみたいし、演奏会で一番前列にいきたい」となんともＭａｔｔらしい理由でフルートに転向。しかし2年生になると「フルートじゃ、音が聞こえない、目立たない」という理由で、3年生からはアルトサックスに変更したのです。

1年ごとに違う楽器に変えるなんて、はっきり言って吹奏楽ではタブーです。顧問の先生からもたびたび注意を受けましたし、私も、楽器をそんなにコロコロ変えることが異例であることはわかっていましたので、戸惑いました。

だけど「他の子はやらないから、前例がないから」という理由で反対するのもまた違う気がして……。

〝違う〟と思ったら、次に行っていい

他のお子さんに迷惑をかけるようなことでしたら止めますが、「変えるのはよくないんじゃない？」という私の気持ちを押し付けることで、音楽自体を嫌いになってしまったら、Ｍａｔｔの可能性を潰してしまうことになります。

それに、あの当時、楽器を変えたことで彼はサックスと出会え、それが高校や大学への入学の助けにもなりましたし、今では音楽を仕事にするまでになりました。今、Ｍａｔｔが作曲だけでなく編曲まで自分でできるようになったのは、小さいころからいろんな楽器をこなしてきたおかげでもあると思うのです。

よく「一度始めたら簡単に諦めてはいけない。最後までやり遂げなさい」と言いますが、私は、違うと思ったなら無理せず、次に行っていいと思うんです。

人生は一度きりだし、そう長いものではありません。無理やり頑張らされて、「やっぱり違った」では取り返しがつかない。確かに根気はつくかもしれませんが、納得がいかないまま過ごしてしまった時間は返ってきません。

子どもが何に向いているのかは、親にも本人にも正確にはわからない。だからこそ、「小学校のうちはやめちゃダメ」とか言わずに、興味が移ったのならそっちをやらせてみる。それでいいと思うんです。その子が好きなものに出会えるまで、とことん付き合う。そのほうが親だって楽しい。

目標を〝コレ〟と早々に決めつけてしまったら、その子の未来は限定されてしまうし、届かなかったときに深く後悔することもあり得ます。絶対に野球だ！　絶対にフルートだ！　と決めなかったからこそ、今のMａｔｔがあります。

この先はどうなっていくのか、正直まだ読めませんが、一生続けていきたい音楽の〝好き〟を見出《みいだ》すことができました。

Mａｔｔの仕事に関して、私がマネージャーをするようになってからずっと、オファーを受ける、受けないの判断は、基本的に本人の意思を尊重してきました。

本人が「出たくない」と言いそうな仕事でも、マネージャーとしての判断で「これは今、出ておいたほうがいい」というものに関しては、多少の説得は試みますが、それでも嫌だというものに関して、無理強《むりじ》いはしていません。

例えば、デビューしたばかりのころは、いわゆるTVの密着モノのオファーが絶えませんでした。私は少しでも名前を覚えてもらうためには、全部受ければいいのにと思ったものですが、彼なりの理由があったのでしょう。当時は本人が承諾しなかったので、そこは尊重していました。

ちなみに最近は、美容にまつわる密着モノならやってみたいと彼自身の志向が変わったので出させていただいています。こんなふうに意思決定をするのは常にMatt。そのスタンスを貫いた結果、「ママが一番、僕の気持ちをわかってくれているから」と信頼され、今では判断を委ねてくれるようになっています。

結果、遠回りになりがちな親の「先回り」

親は子どもより人生経験が豊富だし、可愛い我が子にはできるだけつらい思いをせずに幸せになってほしい。だからついつい、口を出したくなってしまいます。「こうしたほうが効率もいいよ」「それをやっちゃうと失敗するかもしれないし、時間がかかるよ」などと言って。

もちろん、私も息子たちに言いたくなるときはありますし、親御さんがそう思う気持ちはすごくわかります。だけど、それって近道を指し示しているようで、実は遠回りをさせているのかもしれません。

音楽でもスポーツでも、勉強でも、親御さんがその成功体験を持っている場合、お子さんが同じ土俵で親を超えることは意外と難しいのです(もちろんそうでない素晴らしいケースもありますが)。

これはあくまで私の個人的な見解ですが、その一つに、親が次に何が起こるかがわかってしまうため、先回りをして口を出してしまいがちというのがあると思うのです。

普通だったら、自分の弱点とか、直すべきところに気づくまでに、時間をかけて失敗も含めたいろんな経験をして、悩んだりたくさん考えたりします。そうすることでさまざまな、〝学び〟が得られるわけです。

けれど、一番近くにいる親がそれを先回りして指摘することで、本来するはずの〝経験〟がすっぽり抜けてしまうため、考えるチャンスを失ってしまう。そのことこそが、子どもの成長機会を奪ってしまうことになります。

子どもとしんどさを共有して、一緒に悩んで、ついつい口出ししたくなるところをぐっと我慢して陰から見守る。なかなか難しいことですが、とても大事なことだと思います。子どもを自分の思いどおりに育てるために、親はいるのではありませんから。

自分で決めることで生まれる「強さ」

我が家の場合、父親と同じ野球の道を志した長男に対して、私だけでなく夫もその辺をずいぶん考えて接していたようです。

学校選びから卒業後の進路に至るまで、私も夫も、一度たりとも「こうしなさい」と言ったことはありませんでした。「この子がそう願うなら、野球選手になれたらいいな」と心から応援していましたが、「この子は野球選手にならなければならない」と考えたことはありませんでした。

そんなふうに見守った結果、彼はBCリーグでプレーするようになり、その後引退してゴルフという道を選びました。学校もその先も、すべて自分で選んだ道。その決断を常に家族に肯定されてきたからこそ、長男もまた、納得して自分の道を進んでこられたのではないかと思います。

Ｍａｔｔに関しても同じスタンスでした。彼は小さいころからすべて、自分で選んだことしかしていないのです。1歳ちょっとで兄が通っていた保育園に「僕も行きたい！」と自ら言い出して通うことになりましたし、中学や高校、大学といった学校選びもすべて自分主導。

ずっと見守ってはいたけれど、過剰な手助けはしなかった。そのことが彼の独立心を養い、独学と学校からの指導だけで、Ｍａｔｔは歌手デビューまでたどり着きました。だからでしょうか。彼は今までほとんど弱音を吐いたことはありません。

そばで見ていて、これはしんどいだろうと思うようなときですら、「覚悟してたから平気」といつも言うんです。

親の私が驚くほどタフなのですが、それは彼の人生のすべてが誰に強制されたものでなく、自分で決めたものだからこそなのかもしれません。

「野球ファースト」な家庭内での「Ｍａｔｔの音楽」

子どもって、親に自分のことを「見てほしい」って気持ちがすごく強い。だからこそ、自分がやっていることや好きなことに興味を持ってもらえなかったり、〝くだらない〟って思われたりすれば当然、何も話してくれなくなります。大人だってそうですよね。

だから子育て中は、彼らの話を本人が飽きるまで聞くことを心がけていました。子どもが話しかけてきたときに、ちゃんと聞く。特別なことはしていません。あなたの話を聞いているよ、とその姿勢を示すことで、子どもは安心し、場合によっては学校では言えないことや胸の中に溜め込んじゃっているものを吐き出させます。

結果、これが誰よりも長い時間をともに過ごす、親子の人間関係を良い状態に保ってくれる土台となるのだと思っています。

音楽を始めたころのMａｔｔは、家であまり音楽の話をしませんでした。

それはきっと、我が家があまりにも「野球ファースト」だったからだと思います。

私も夫も、野球をやっている長男とやっていないMａｔｔを決して区別したりはしませんでしたが、例えばＴＶで甲子園の高校野球をやっていたら、夫も長男も夢中になって観戦します。長男の試合がある日はなんとか時間を調整して観に行きましたし、試合後も夕食時などに「今日の試合は～」と話題にもなります。

だけど、Ｍａｔｔが学生当時ＴＶで吹奏楽の番組をやっていたとしても誰も夢中になっては見ることはないし、演奏会があっても「今日、どんなふうに吹けた？」なんて話にはなりませんでした。愛情の差があったわけでは決してなく、興味のベクトルの違いなので、これは仕方がないことなのですが、そこはやっぱり寂しかっただろうなと思います。

子どもの好きなことを一緒に楽しむ

なんとなくそれを感じていた私は、当時とにかくＭａｔｔの話したいことを〝聞く〟ことに徹しました。中学時代、Ｍａｔｔが「この曲好きなんだ」と言ったら、それを自分も聴いてみたり、調べてみたりしました。なにせ世代が違うので、最初のうちはその良さがわかりませんでしたが。

それでも彼が学校に行ってる間などに繰り返し聴いたりしているうちに、だんだんとその曲の良さがわかってきて、私も好きになってしまうということがたびたびありました。

Ｍａｔｔにも「ねえ、あの曲聴いてみたけどすごくいいね。他にはどんな曲があるの？」なんて言えるし、会話の幅が広がります。家事をしているときの鼻歌まで思わずその曲になっちゃったりもして、その様子を見たＭａｔｔも「ママも好きになっちゃって！」とすごく喜んだものです。

私も子ども時代にピンク・レディーやキャンディーズ、ザ・ドリフターズが大好きだったのですが、家で事業をしていた両親は忙しくて、自分が面白いと思ったことや好きなことを語るような時間がなかなかなくって。

だから、息子たちには自分がしてほしかったことをしてあげたかったというのもあります。自分が好きなものを親が理解してくれること。それって、閉じてしまいそうな子どもの心の扉を開けるために、すごく有効だと思います。

そんなふうにＭａｔｔに接しているうちに「若い子の好みだから、理解できないわ」で終わるはずだった会話が、どんどん弾むようになりました。

子どもと興味のある共通項を増やすこと。それを心がけてきたので、今ではＭａｔｔと一緒に洋服を買いに行ったり、ネイルのデザインを相談したり、楽しい親子時間を過ごしています。

難しい思春期にも怯まずに「口に出す」

本書の冒頭でも書きましたが、私は息子たちが幼いころから、子どもの選択や行動に「口を出す」ではなく私自身の子どもに対する迷いや悩みを「口に出す」ことをしてきました。

我が家の息子たちにも、もちろん思春期や反抗期がありました。Ｍａｔｔは思春期、嫌なことがあると家族に知られないように、音がしないよう枕を叩いていたそうです。

長男の場合は高校を決めるタイミングで反抗期が到来。将来は野球選手になりたいとすでに決めていた長男にとって、学校選びは一大事です。ちょうど夫がメジャーに挑戦するため、アメリカにいて気軽に相談できないタイミングだったので、これは非常に焦りましたね。

何か聞いても「ママには関係ないでしょ」と言われる。でも、そこで私は怯《ひる》まずに、「関係？　あるある！」と聞く時間を根気よく持ちました。そうこうするうちに長男も落ち着き、何でも話してくれるようになったのです。

思春期や反抗期をきっかけに息子たちとの関係性がこじれなかったのは、小さいころからの会話の習慣があったからこそ。私と話すことがすでに彼らの生活の一部になっていたから、多感な時期でも違和感も気負いもなく心の内を話せたのだと思うのです。

子どもの話を聞く際に絶対にしてはいけないと心がけてきたことが二つあります。それは、お料理をしたり、携帯電話を見たりしながらの〝ながら〟聞きをしないこと。そしてもう一つは、「あなたは子どもだからわからないだろうけど」という、上から物を言うような言い方をしないことです。ちゃんと顔を見て、あくまで、同じ目線で、あなたの話に興味があるよというポーズをとらないと、子どもが心を開いてくれないのです。

長男のときも、Ｍａｔｔのときも、それは日々実感していました。毎日、夕食後やお風呂上がりなどの子どもが落ち着いてる時間帯に、「今日、どうだった?」と聞くのです。悩みがありそうなら、さりげなくそこに水を向けてみるし、そういうことがなさそうなら今、興味があることや好きなことを話題にしていました。

「それで?　それで?」の合いの手効果

子どもとのこの他愛もない会話は、ときには2時間くらいになることも。この話をすると、「長いっ!」と言われることが多いのですが、話のプロではない子どもに気持ちを話しながら整理させて、こちらも質問したりしていると、そのくらいの時間はすぐに経ってしまうのです。

長男は夫と野球という共通の話題がありましたが、Mattにはそれがなかったので、意識的に、時間をかけてよく話をしてきました。夫は私とMattが食卓でいつも長い時間話し込んでばかりいるので、「よく話がつきないなぁ」と以前から思っていたそうです。夫は口数こそ多くないですが、とにかく愛情深い人。なので、もしかしたら私のことがちょっぴり羨ましかったのかもしれませんね（笑）。

もちろんこれは、私が当時専業主婦だったからこそ、できたことだと思いますし、人それぞれでいいと思います。なので2時間という長さにはあまり意味はありません。大事なのは大人が子どもの話に興味を持っていることを示すこと。そして、〝たまの一回〟にするのではなく、子どもの話を聞く時間を〝いつものこの時間〟として習慣にしていくこと。夕食時でも、お風呂のあとでも、いつでもいいと思います。習慣化すれば、お子さんが何か悩みを抱えたときにも、相談しやすくなるはずだと思います。

小学校も高学年くらいになれば、今は塾に行っているお子さんも多いですし、中学に入れば部活もあるし勉強も大変になりますよね。そうなるとお子さんの帰宅時間が遅くなり、食事もバラバラになりなかなか落ち着いて話せない、なんてこともあるでしょう。

そんなときは、例えば食事時間がずれたとしても、一人ぼっちで食べさせないで、自分にはお茶でも淹《い》れてお子さんの目の前に座って、「それで？　それで？」って「あなたの話してくれることに、私はとっても興味があるよ」という姿勢でお子さんの話を聞いてみてください。最初はたいして話さなくても、その時間が習慣になっていくうちに、きっといろいろ話してくれると思います。

子どもの話は自由気まま。結論を急がない

そして、もう一つ心がけていたのが、子どもが話してる最中に、絶対に頭ごなしに否定しないこと。なんせ相手は子どもですから、大人からすると「それは違うって！」と即座に突っ込みたくなることも、たくさんあります。

だけど頭ごなしに否定してしまったら、「どうせ話しても、否定されるだけだし、わかってもらえないし」と心を閉ざしてしまうでしょう。だからそんな時には、「ママも若いころならそう思ったかもしれないんだけどさ、こういう考えもあるんじゃないかな？」と言ってみました。まずは歩み寄る、そして結論を急がない。それが子育てにおいて、とても大事なことではないでしょうか。

先生との大衝突。「学校辞める！」

手がかからず、親にほとんど心配をかけたことのないＭａｔｔでしたが、一度だけものすごく心配させられたことがあります。それは高校生のときでした。

当時サックスの実力で高校に進学したＭａｔｔは、中学と同じ吹奏楽部に入りました。

吹奏楽部は基本的に女の子が多い部活です。もともとＭａｔｔは同年代の男の子よりも女の子とのほうが、話が合うタイプでした。なので、高校に進学してからも中学時代と同じように、男女問わず楽しくやっていたのですが、ある日、事件が起きたのです。

Ｍａｔｔが通っていた高校には、当時としても珍しい〝男女交際禁止〟の校則がありました。当時から男女分け隔てなく距離感の近いＭａｔｔだったので、顧問の先生に同じ部活のある女の子と校則を破って隠れて交際しているのでは？と誤解されてしまったのです。

すごく教育熱心なぶん、直情型の先生だったので、一度誤解したらどんなにＭａｔｔが否定しても、「嘘《うそ》をつくな！　お前たちは校則を破って付き合っているんだろう！」と決めつけるばかりで話を聞いてもらえませんでした。

Ｍａｔｔにしてみれば身に覚えがまったくないのに、職員室に呼び出され、一方的に責められて、怒鳴り合いのケンカになり、最終的には携帯のメールなどの中身をすべて見られ……（今の時代にそんなことをしたら問題になるでしょうが、当時はそういうのもけっこう多かったんですね）。

のを覚えています。

その高校はMattが自分で選んで入学したことも、彼が中退を踏みとどまった大きな要因でした。親が偏差値や世間体《せけんてい》で勝手に決めた学校だったら、彼の性格からして、さっさと辞めてしまっていたでしょう。音楽をやりたいからと学校を自分で決めさせたことが大きかったと思います。

中学までのMattはそこまで苦労したことがなく、おっとり育ってきていました。当時は自宅のまわりは畑だらけ、万が一悪いことをしたくなったとしてもする場所もなかったですし、学校の同級生も皆、穏やかなタイプばかり。家族のお出かけ以外で地元から出たこともありませんでした。

そんなMattでしたので、高校に入学したばかりのころは電車の乗り方も知りませんでした。以前、TVで話題になってしまったのでご存じの方もいらっしゃるかもしれませんが、「Mattは高校にタクシーで通っていた」というのは、高校に入学したばかりのMattが電車に一人で乗れないため、車の運転に自信のなかった私が何回かタクシーで送っていったことがクローズアップされてしまいました。

電車にすら一人で乗れなかったＭａｔｔですが、学校を飛び出したその一件をきっかけにどんどんたくましくなり、高校2年生のころには部員80名の大所帯である吹奏楽部の団長に立候補するまでに。これってあの顧問の先生のおかげだね、なんて言ったらＭａｔｔは「そんなことない！」と言って怒ると思いますが。

子どもが自暴自棄になるほどのピンチは、実は成長のチャンス。頭ごなしに怒ったり、オロオロしたりせずに、まずはとことん寄り添う。子どもたちにとっても迷いの多いこういう時代だからこそ、今後もそうありたいと考えています。

学生時代にMattが最終的に担当したアルト・サックス。

第3章

「僕は大丈夫だから」

~好きの熱量が子どもを強くする~

きっかけは留学中の一枚のハロウィン写真

現役のプロ野球選手の息子として生まれた長男とＭａｔｔですが、これまでお話ししたとおり、小さいころから野球一筋で最終的にはプロ野球の独立リーグでプレーした長男と次男のＭａｔｔでは、小さいころから嗜好や気質、性格の何もかもが違っていました。

そんなＭａｔｔなので、小学校までは嫌々ながらも続けていた野球を中学入学のタイミングでやめ、興味を持った音楽の道を進み始め、高校と大学、ともに音楽推薦での進学をしました。

大学では3年生までにすべての単位を取り終え、４年生のときに学部内で2～３人しか行けない、４ヵ月間の短期留学プログラムの枠を手に入れました。そのような経緯で大学４年時はアメリカに音楽と語学の留学をすることになりました。

親としても、本人が昔から音楽で身を立てたいという思いがあることは知っていたので、それを実現させるためにもいい経験になるだろうと送り出すことにしました。アメリカでの生活は本当に楽しかったようで、4ヵ月間で連絡が来たのはたったの2回。到着時に空港でロストバゲッジしてしまった際と、お友達とのパーティーでふざけて頭を怪我したときだけでした。「保険ってどうなってる?」って(笑)。それだけ新生活に馴染んでいるのだろうと、私は寂しいながらも嬉しく思っていました。

その年のハロウィン。留学仲間と開いたパーティーで自分で施した「スーサイド・スクワッド」のジョーカーの仮装メイクの写真をTwitterにアップしたのです。音楽も好きでしたが、小さいころから絵を描くことが好きなMａｔｔでしたので、初めてながら、クオリティの高いハロウィンらしいメイクに仕上がっていました。

私たち家族もメールで送られてきたその写真を見て、「絵が好きだから、メイクも上手にできたのかしらね」「やっぱり海外のハロウィンは華やかね」なんて感心していました。しかし、Mａｔｔのこのメイク写真が現在の活動のきっかけとなり、思いもよらない展開につながったのです。

Twitterにあげたその写真について「すごい仮装メイクをしている男の子がいる！」とSNS上で話題になったのです。

その時点では、Ｍａｔｔが「桑田真澄の息子」であることは、公になっていませんでした。そもそも夫は野球解説やスポーツニュース以外のＴＶ番組には出なかったので、我が家のプライベート、それも野球をやっていないＭａｔｔのことを知る人は世間ではほとんどいませんでした。

しかし帰国後にＴＶ番組からのオファーを受けた際に、スタッフのかたに父親が誰なのかが判明し、なにしろあのビジュアルですから、「これは面白い！」ということでトントン拍子にＴＢＳ系の２０１７年1月放送の「櫻井・有吉ＴＨＥ夜会」に出演が決まったのです。

「Ｍａｔｔ、その感じでＴＶ出て大丈夫？」

当時のＭａｔｔの普段のメイクは、現在よりはずっと薄かったのですが、〝桑田真澄の息子〟としてマスメディアであるTVに出るとなると少なからず不安を覚えました。最近こそ男性のメイクが注目を集め始めていて、雑誌などでもとり上げられていますが、当時はまだまだ男の子のメイクというのは珍しく、世の中にスムーズに受け入れられるとは到底思えませんでした。

そもそも、現役時代から華美なスタイルを決して好まない父親と、派手なメイクをした息子――そのイメージギャップもすごいですから。だから収録の直前まで、「Matt、その感じでTV出て大丈夫？」と本人に何度も確認もしました。だけど返事は「大丈夫だよ！」の一点張り。小さいころから言い出したら聞かない子でしたし、彼なりにいろいろ考えていることが伝わってきたので、それ以上の口出しはしませんでした。

ちなみに、今思い返すと笑ってしまうのですが、夫はMattのメイクではなく髪の色を心配していたようで、収録前に「あんなに茶色い髪で大丈夫なのかな？」と髪の色のことばかりを気にしてました。我が家ではMatt以外は誰も髪を染めたことがなかったんです。野球一筋だった夫や長男だけでなく、私も一度も。だからこそ夫は、Ｍａｔｔのとんでもなく明るい髪色ばかりが目に付いてしまったのでしょう。

夫婦それぞれに気になるポイントはあったにせよ、私も夫も番組への出演を〝決めるのは本人〟と考えていたので、賛成も反対もしませんでした。

そして、ビジュアルもさることながら、彼の奔放な言動が誤解を引き起こさないか、ふっと心配したことを覚えています。視聴者はＭａｔｔをテレビで初めて見るわけですし、どんな子かわからないわけですから、生意気だと思われたりしないかな……と。

収録自体は初めてのＴＶ出演とは思えないほどＭａｔｔは物怖じせず、サービス精神も旺盛に発揮して上手にこなしていましたが、うっすらと抱いていた私の不安はその後、的中することになります。

ＴＶ初出演後の想像を絶するバッシング

初めてのＴＶ出演後のＭａｔｔへのバッシングは、それはもう、すさまじいものでした。Ｍａｔｔのインスタグラムや Yahoo!ニュースのコメント欄は、罵詈雑言《ばりぞうごん》のオンパレード。稀《まれ》に「面白い！」と書いてくださるかたもいたんですが、好意的な意見なんて霞んでしまうほど、バッシングが溢れていました。

事務所の代表メールアドレスにも批判的なメールがたくさん届きました。〝キモい〟〝消えろ〟〝死ね〟といった言葉だけでなく、Ｍａｔｔの容姿についても、今でも思い出したくないようなコメントが殺到していました。

また夫のファンであろう方々からの、〝桑田真澄の顔に泥を塗った！〟という批判も多かったですね。夫に対して〝どんな子育てをしたんだ！〟というお叱りの声も。これには本当に悲しくなりました。

夫は忙しい中でもしっかりと子どもたちには愛情を注いでいましたし、Ｍａｔｔもそれを感じながら育ってきました。そもそも夫と息子は親子とはいえ別人格。しかもＭａｔｔは夫みたいに野球をしているわけでもないのに、なぜ、そんなことを言われなくてはならないのだろう？　そんな思いが溢れました。

"Ｍａｔｔは桑田真澄の顔に泥を塗った"の？

当時私は怖くてつらくて、Ｍａｔｔのインスタグラムや Yahoo!ニュースのコメント欄を見ることもできなくなってしまいました。当の本人は飄々としていましたが、その後しばらくはＴＶ番組に出れば、たくさんの批判的なコメントを大量に書かれることの繰り返しでした。

本人はインスタに悪質なコメントを書く人を見つけてはブロックしたりして、やりすごしていましたが、私には精神的に参ってしまうほど、つらい日々でした。

例えば同じ野球選手の息子だとしても、シュッとした俳優さんとして世に出るのであれば、あそこまでのことは言われなかったかもしれません。だけどＭａｔｔは異質な存在として映ってしまいました。

Ｍａｔｔが表現したかったのは、ディズニーや宝塚のような夢の世界。非日常感のある華やかなものが、感動を人に与えるのだと、昔から信じているところがありました。夢とか魔法のような、現実にはない夢の世界を演出したいと思っていたのです。だからこそメディアに出るときはキャラクターのような、非日常的な、あのメイクが当時のＭａｔｔには譲れなかったのでしょう。

「負けてたらダメなんだ」息子の強さを感じた夜

バッシングにさらされる中、夫も周囲の方々からいろいろ言われたようで、「Ｍａｔｔは大丈夫か？」と心配して私に聞いてきました。だけど、Ｍａｔｔ本人は依然ケロッとして「大丈夫だよ」と言うばかり。

ＴＶ番組に出演することを私がもっと強く止めたほうがよかったのでは？　家族の前では平気な振りをしているけど、バッシングにさらされてＭａｔｔが壊れちゃうのでは？などと悶々とし、眠れない夜が続きました。

そんな日々を過ごしていましたが、とうとう私自身が苦しくて我慢できなくなり、Ｍａｔｔ本人に自分の不安な気持ちを意を決して伝えることにしました。

他の家族がいるかもしれないリビングでは話しにくいかも……と思ったので、落ち着いて話ができるよう夕食の後、Ｍａｔｔをリビングとは別の部屋に「ちょっと来てくれる？」と呼びました。

「ねえ、本当に大丈夫？　ママ、あのネットの書き込みにはさすが凹《へこ》んじゃうんだけど」と、偽らざる気持ちを伝えましたが、返ってきたのはなんともたくましい答えでした。

「このビジュアルでＴＶに出たら、叩かれるのは当たり前だよ。バッシングだって想定内だよ。だいたい、僕のインスタグラムに書き込むってことは、わざわざ検索して僕を見にきてるってことじゃん。つまり僕に興味津々ってことでしょう？　そんなのほぼ〝好き〟と一緒。

それにね、こんなことに負けてたら芸能界にいちゃいけないと思うんだ。僕はＴＶに出ると決めたときから、この程度のバッシングは覚悟していたから大丈夫なんだよ。これくらいで凹むなんて、ママこそやっていけなくなっちゃうよ！」

と逆に私が励まされる始末でした。

さらに「もし、この後、TVに出られなくなったとしても大丈夫だよ。今はSNSもあるから発信する場がすべて取り上げられちゃうこともないしね」とも。

ああ、いつの間にか、この子はこんなにも強くてしなやかに成長していたんだなと驚きましたし、嬉しかったです。

我が子に傷ついてほしくないし、失敗もしてほしくないと願うのが親心。だけど、先回りして失敗しない道ばかりを示していたら、その子の成長も止まってしまうし、将来の道筋だって限定されてしまいます。


人生経験が多くなるほど、次に起こるであろう展開が見えるから、親はついつい「これをやったら子どもが失敗して、つらい思いをするのでは?」と危惧して口を出しがちです。

だけど子どもを大きく成長させるためには、そこをぐっとこらえて見守り続けるというのも親の大事な仕事だと、その日あらためて痛感しました。

夜も眠れないほどのショックを受けた大バッシングでしたが、本人はどこまでも平常心。もちろん、いろんなことを感じていたとは思いますが、バッシングを受けている本人があまりにも普通でいるので、私がクヨクヨしていたら始まらないなと、気持ちを切り替え、その後は同じように心配していた夫に対しても「Ｍａｔｔは大丈夫よ」と自信を持って伝えることができました。

父親譲りの打たれ強さ

常にブレず、自分の信じた道を進み、批判されても壊れない強さ。これは父親譲りかもしれません。夫はプロ野球選手として、長年厳しい勝負の世界に身を置いてきました。それに加えてこれまでに野球以外のことで、かなりの長い期間、世間からバッシングを受けたこともありまして、それはもう大変な騒ぎでした。

当時は新聞や週刊誌、ＴＶなどの取材に関して、今よりも「プライバシーを守る」という感覚がかなり緩かったため、記者の方が毎日自宅の前に押しかけていました。

インターフォンは鳴りっぱなしで、しかも当時は、ＳＮＳのような個人的に意見を発信する場もなかったので、ニュースを見たり読んだりして誤解した人から、球場でいきなり牛乳パックなどを投げつけられたり、大きな声で罵《ののし》られたり……と、それはそれはつらい時間でした。

Ｍａｔｔが物心つくころにはだいぶ落ち着きましたが、結婚当初は怖くて怖くて、生まれたばかりの長男を散歩させることすらできないほどでした。だけどそれでも当の夫は、感情的になって声を荒らげることなく、バッシングについても必要最低限のことしか発言せず、家庭内で私たち家族にキツくあたることもなく、黙々と真摯に野球と向き合い、そこで結果を残すことに注力していました。

考えてみるとＭａｔｔも同じですね。野球界と芸能界。属する世界はまったく異なる二人ですが、世間から批判されても決して動じないところは通じるものがあります。

二人の違うところは、夫が常に沈黙を貫いてきたのに対して、ＭａｔｔはＳＮＳで自分の意見をダイレクトに発信してしまいますし、悪意あるコメントは即ブロック＆

通報してしまうところです。ちょっぴり過激ですね。

これまで何度かあったのですが、週刊誌に見張られていたりすると、それをSNSで「そんなに人のことほじくりかえして、それは大人としてどうなんですか⁉」と書いてしまうのです。

家族で出かけた際のことです。Mattが車の中でなにやら難しい顔をしてスマホを操作しているので「どうしたの？」と聞いたら、「週刊誌の人に事実と違うことを書かれたりしてるからメールで訂正しようと思って」と言うのです。私は「ダメよ、消しなさい！」とただオロオロすることしかできなかったのですが、夫は「もちろん事実と違うことを書かれたり言われたりすれば腹もたつ。パパも同じようなことがあったからMattの憤る気持ちはよくわかるよ。だけど、そんなふうに反応するのは違うんだよ」と理性的に諭してくれました。

長年そういった謂《いわ》れのないバッシングを受けてきた夫の言葉が響いたようで、挑発的な表現ではなく、自分の考えを説明する投稿をSNSやブログにアップするにとどまりました。

今も誰かの悪口を言ったり、貶《おとし》めたりするようなことは、絶対に許せないMatt。たとえ相手が芸能界の大先輩だったとしても、彼の中の倫理に反すると思えば、臆せずTV収録中でも〝それは違う〟と意見をしてしまいます。そういうまっすぐなところを親として誇らしく思う反面、マネージャーとしても毎回ヒヤヒヤさせられっぱなしです。

Mattの〝好き〟は彼のもの。矯正したいとは思わない

相手の立場に左右されず、自分の意見ははっきり伝えるMatt。そんな彼のある意味自由すぎるというか、激しい一面を見て、「小さいころから大変だったでしょう？」なんて、言われることもあります。

でも、大変だと感じたことは本当にないんです。昔から嫌なものは嫌と主張するタイプでしたが、言葉遣いそのものは優しく、家族や友人に対して常に穏やかで思いや

り深い発言ばかりでしたから。

メイクこそしていませんでしたが、幼いころからキラキラしていたり、美しいものが大好きで、自分が好きなスタイルを貫くところは今とほとんど変わりません。メイクやファッションといった外見を含め私にとってはすべてがＭａｔｔの〝らしさ〟なので、矯正したいと思ったこともありません。

ＴＶに出始めたころには、ジェンダーを揶揄するような〝いじり〟を受けることも少なくありませんでした。Ｍａｔｔはかなり凝ったメイクやネイルをしてはいますし、美容にも詳しいしお手入れも好き。女性になりたいわけではなく、デビュー前には可愛い彼女もいました。

彼の求める姿は常に流動的で、そのときに表現したいことを心のままに表現しているだけなので、誰かの考えた枠には、決してはまろうとしません。いつだって彼は〝ありのまま〟なだけなんですよね。他人がどうこう言っても絶対に聞かないし、曲げないんです。

思いがけずにブームになった「Matt化」

今では〝Matt化〟という言葉で皆さんに広く知られるようになった画像の加工も、彼が絶対に譲らないポイントのひとつ。自分のインスタグラムにアップする画像だけでなく、雑誌などのメディアに出させていただく際にも、プロのフォトグラファーの方が撮影した画像を毎回、自ら〝Matt化〟しているんです。

プロが撮影したいわば作品をその分野では素人であるMattが加工を施すなんて失礼じゃないか？　とマネージャーとして止めるべきか最初は悩みました。だけど、Mattが見せたいのはカッコいい自分というより、自分が描いたエンターテイナーとしての姿。そこには譲れないポイントがいくつもあるのです。そしてそれは、口で説明して伝わるものでもなく……。なので、私も腹をくくって、応援することにしました。

そうしたら意外と雑誌の編集者も面白がってくださって、ありがたいことに、今でもオファーをいただいています。TV番組で共演したかたが「自分もMatt化してほしい」と言ってくださるようになり、収録の終わりにマネージャーさんから頼まれることもありました。彼の感性を否定せずに応援してきてよかったと心から思っています。

長嶋茂雄さんからの嬉しいお言葉

もうひとつ。私たち夫婦がものすごく嬉しかったエピソードがあります。それは長嶋茂雄さんがMattのことを「いいね」と言ってくださったこと。2019年の7月に開催された〝ジャイアンツ85周年メモリアルウイーク〟に夫が出席したときのことです。球界の重鎮の方々が一堂に会するイベントだったのですが、その控え室でMattのことが、話題に上ったそうなのです。

その際、長嶋茂雄さんが夫に「桑田！　あの子はいいねえ。あのまま伸ばしてあげなさいよ」と言ってくださったというのです。

帰宅後、夫はすごく嬉しそうに「まさか長嶋さんが、Ｍａｔｔのことを見ててくれたとは思わなかったよ」とずっとニコニコしてました。

その少し前から夫が仕事でイベントなどに参加するたびに「今日はＭａｔｔ君、来ないんですか？」と言われるようにはなっていたのですが、最初は世間から叩かれていた息子が、日本野球界のスーパースターに認めてもらえたことは、私はもちろん、夫にとってなによりの大きなギフトだったのだと思います。

Mattの「メイクの目覚め」

Ｍａｔｔのメイク歴は意外と短く、大学1年生のときにブライダルモデルを始めたことがメイクのきっかけでした。

今でこそ、美容知識豊富な彼ですが、高校時代までは、化粧水すら触ったことのない、ニキビができても、どんなお手入れをしたらいいのかわからないといった感じの男の子でした。

そんな状態でモデルのお仕事を始めたわけですが、ブライダルの世界は普通のショーや雑誌とは少し違っていて、女性モデルは、印象として透明感のあるロシア人のモデルさんが選ばれることが多かったのです。仕事で彼女たちの隣に立つ機会が増えるにつれて、彼の中で何かが芽生えたのでしょうね。

「彼女たちに近づけるような、透明感や彫りの深さが欲しい」と考えるようになり、撮影やショーのときにヘアメイクさんからいろいろ教えていただいたりして、自分でもメイクをするようになっていったのです。それがＭａｔｔのメイクの始まりでした。

実は、ＭａｔｔはＴＶに頻繁に出るようになるまでは、日常的にメイクしているわけではありませんでした。Ｍａｔｔのメイクが今のようなスタイルになったのはずっと後のことですし、変化も本当にちょっとずつでした。最初のころはせいぜい肌を整えて眉を描く程度。

だから、少しずつ濃くなっていくＭａｔｔのメイクに、「いつもよりいろいろやってるわね」とは思っても、さほど違和感を持つこともなかったし、メイクするのは舞台の上だけだったので、「やめなさい」と言う発想すらありませんでした。

当時は彼がメイクしてる姿を見ても「ブライダルのショーだとそのほうが映えるし、素敵に見えるから、よかったねえ」なんて思う程度。しかし、そのメイクが、ある出会いによって激変しました。

Mattメイクは〝ほぼ絵画〟

今でもはっきり覚えているのですが、ある日Mattが「ママ、このメイク動画観てよ、すごくない？」と言ってきたんです。それが、現在のMattのメイクの核となる人気YouTuberのfukuse yuuriマリリンさんのメイク動画でした。どれどれと一緒に観てみると、目の大きさや唇の形といったパーツだけでなく、骨格さえも変えてしまうようなそのメイクテクニックは本当に鮮やかで！　私も魅了されてしまいました。彼女のメイク動画に出会ったことでMattのメイクは皆さんがご存じの今の形になっていったのです。

TVや雑誌などの撮影で最初のころは、プロのヘアメイクさんをつけていただくこともあったのですが、その方々が口を揃えて「Ｍａｔｔさんのメイクは自分にはできません」とおっしゃって。

それもそのはず。一般的な女優さんや俳優さんのメイクとは構成からして違うのですから。Ｍａｔｔのメイクはいわば絵画。その緻密な構成に、私なんて毎日見ているはずなのに、その完成度に毎回「ほ～」と感心してしまいます。

ファンデーションや下地だけでなく、コンシーラーやコントロールカラー、シャドウやフェイスカラーを何色も駆使してあの立体感を構築し、さらにまつげエクステをなんと450本！　普通だと多いかたでも120～160本くらいなので、かなりのボリュームです。

性別や国籍をすべて凌駕するような、〝作品〟級のレベル。もちろん私だって今でもあのメイクが日常的であるとは思っていません。けれど、彼の表現したい世界がわかっているから、否定したことはありません。

坊主頭にはいつもバンダナ

Ｍａｔｔの人とちょっと違う個性的な感性は、小さいころからの筋金入り。小学生のころ、野球をやらせていた関係でずっと坊主頭だったのですが、Ｍａｔｔはそれを嫌がって、嫌がって……。「こんな頭で出歩きたくない！」と、毎日頭に派手なバンダナを巻いて登校していました。

そんなことをする子どもは他にいないわけで。相当目立ってましたけど、だからといってそれが原因でいじめられることもありませんでした。

話し方が優しくて女の子っぽかったけど、とにかく明るく朗らかなので友人関係も良好でした。学校も中学までは地元の公立に通っていたので、小さいころから〝Ｍａｔｔ君はこういう子〟だと違和感なく理解してくれているお子さんばかり。

今思うと恵まれた環境でした。子どもながらの小さないざこざはあっても、いじめられて泣いて帰ってくるなんてことはありませんでした。次男ということもあり、小さいころから口が達者なので、何か言われたとしてもすぐに言い負かしてしまったのかなと。

当時から今まで、〝アレしちゃダメ、こうしなきゃダメ〟と口を出したことや私たち夫婦の希望や考えを押し付けたことは一度もありません。

そもそも「野球を続けなさい」なんて、Ｍａｔｔの性格を見ていたら、とても言うことはできませんでした。

どう生きるのか？　を決めるのは本人だし、人と違うことは決して悪いことではありません。

保育園のころ、Ｍａｔｔも私も金子みすゞさんの「みんなちがって、みんないい。（「私と小鳥と鈴と」より）」という詩が大好きでした。Ｍａｔｔはみんなとは〝違う〟かもしれないけど、それがあの子らしさ。それは素晴らしいことなのだと信じて育ててきました。

だから基本的には変わる必要なんてないとずっと思っていますし、折に触れ、本人にもそのことを伝えてきました。その存在を、その〝好き〟を親が心から本気で全肯定してあげることで、子どもは安心できるし、まっすぐな気持ちで、その将来を決められるのではないでしょうか。

話題となったハロウィン仮装の写真。

第4章

「あなたはあなたのままでいい」

～子どもは親とは別人格～

いつも私の選択を応援してくれた両親

私の両親は、「こうしなさい」とか、「こうしなきゃダメ」ということを一切私に言わない人たちでした。私が〝子どもは母親を通ってこの世界に生まれてきただけ。所有物ではない〟と考えるのは、両親の影響がすごく大きいと思います。

高校時代に私が歌手を目指したときも、「やりたいのなら、頑張りなさい」と背中を押してくれましたし、途中でやっぱり客室乗務員になりたいと進路を変えたときも、「途中で諦めるなんて！」と怒ることなく、試験のために知人にホームステイしていた留学生を英語の家庭教師にと話をつけてくれましたし、体力づくりのために本格的なスポーツジムにも通わせてくれました。

実はそこで、トレーニング中の夫と知り合ったのです。両親の応援がなければ、夫と知り合うこともなく、長男もＭａｔｔも生まれてこなかった。そう思うと、いっそう、両親へ感謝の気持ちが湧いてきます。

夫との結婚を決めたとき、当時の私はまだ23歳でした。お付き合いしているころから、夫は野球界での活躍以外のことでも、週刊誌やらワイドショーやらを賑わしていましたので、私の両親は心配していたでしょうし、娘の結婚に関していろいろ思うところはあったと思います。

ですが、結婚することを伝えたときも反対されませんでしたし、逆に「有名な野球選手でよかった！」とはしゃぐこともなく、両親共に「あなたが彼を好きならそうしなさい」というあっさりとした反応でした。

だけど決して、私への関心が薄いわけではなく、相談すれば話をきちんと聞いてくれるし、私のやることにできる限りの応援もしてくれました。

子どもは親の所有物ではない

さらに、私の母のルーツが、「血の繋がりが絶対ではない」という考えに色濃く影響していました。私の母は、血の繋がった両親の顔を知りません。赤ちゃんのころに産みの親と別れ、血の繋がっていない育ての親に育てられたのです。

だけど、母はものすごく愛情豊かに育てられたといいます。そのおかげで、母と祖父母は、それはそれは仲が良く、お互いを思いやっているのがまだ幼かった私にも伝わってくるほどでした。

そんな姿を見て育ったので、親子で血が繋がっていようがいまいが、子どもは親の所有物ではないし、親の意見を押し付けるのではなく、別人格として意志を尊重してしかるべきだという意識が、私の中に根づいていました。

だからこそ、出産して子どもを持っても、「プロ野球選手の息子なんだから野球選手にしなくては」と、母親として、妻として、気負うことがありませんでした。

もちろん、私の両親からそんなふうに言われたことも一度もありません。特に私の母は、Ｍａｔｔが小さいころからおうち遊びが好きなのは知っていたので、「あの子の天真爛漫さを損なうことなく、そのままで育ててあげてね」とアドバイスしてくれました。

子どもたちが望んでいることを否定せず、まるごと受け止めて応援する。だって、子どもは親の所有物ではないのですから。私のこういった子育てスタイルは、母や祖母の影響も大きいのだと思います。

ナーバスになった初めての子育て

基本的にのほほんとした性格の私ですが、長男が小さいころは慣れない子育てに、ものすごくナーバスになってしまった時期もありました。

ミルクを飲ませてオムツを替えて、泣いたらあやして……。自分は上手にできているのか？　なんで泣きやまないのか？　発育は大丈夫なのだろうか？　と、すべてがものすごく不安でした。

初めての子育てって、大なり小なりそうなりがちですよね。もちろん当時から、「絶対に野球選手にしなくては」という気負いはありませんでしたが、子どもの成長のひとつひとつに、一喜一憂したりして。

1歳にしてペラペラと話し出したＭａｔｔと違い、長男は小さいころ、少し成長が遅かったため、本当に心配でした。子育ての先輩である義理の母は折に触れ「大丈夫よ」と言ってくれていたのですが、ママ初心者の私は不安でいてもたってもいられなくて。

天才児育成をうたう幼児教育の教室に連れていってみたり、大量の絵本や知育玩具を買い集めたり、お友達と触れ合えば何かが変わるかなと考え、保育園に入れてみたり。

今では、あそこまでする必要はなかったのだと思います。

話し始める時期、オムツの取れる早さ、歩けるようになる時期、子育てって比べたらダメなんですよね。「同じ月齢の○○ちゃんはできてるのに！」なんて比べ出すと、苦しくなるだけ。子どもの成長なんて個人差があるのだから、ドンと構えているべきでした。あのころの私はちょっと見境がなかったかもしれません。

今思えば「他の子と我が子を比べない」は子どもが何歳になっても言えることだと思います。

だけどそこで、思い切り右往左往したからこそ、いろいろ気づけたし、次に生まれてきた超個性的なＭａｔｔに関しても特に焦ることなく、見守ることができたのだと思います。

やっぱり、下の子って得ですね。初めての子育てとなった長男のときの反省を活かして、何かを押し付けることなく、彼の好奇心の赴くままに自由にやらせていました。

でもそのほうが不思議と「やらせなきゃ」って焦りながら必死で子育てしていたころよりずっと、うまく回るんです。長男があまり興味を示さなかった、山のような教材の中から、やりたいものだけを選んで「僕、これやってみたーい」なんて楽しく学んで、それが全部身についてしまったＭａｔｔ。だからＭａｔｔは、話すのも絵を描くのも字を覚えるのも、ものすごく早い子でした。

当時は親の気負いみたいなものを、長男は敏感に感じ取ってくれていたのかなと時々切ない気持ちになることがあります。長男は元々、すごく気持ちの優しい子。野球選手を目指したのは、もちろん彼自身が野球を好きだったから。ですが両親、特に夫の、口には出さなかった「息子が野球選手になったら嬉しい」という気持ちを汲んでくれた部分が少なからずあったとも思うんです。

「野球人はパパだけ」という線引き

子どもたちには小さいころから折に触れ、「プロの野球選手で有名なのはパパだけ。ママとあなたたちは違うからね。だから普通に生活していきましょう」と、言い聞かせていました。

子どもたちが小さいころから、家族で出かけると、夫はいろんな人からサインや握手を求められたりしていました。夫が一緒にいるとお店などで、特別扱いをしていただくこともあったので、子どもが変な勘違いをしないようにと気を遣いました。

野球選手というとプライベートでは、すごくゴージャスな暮らしを送っていると思われるかたも多いのですが、我が家の生活レベルは、ごくごく普通。

兄弟ともに学校は中学まで地元の公立でしたし、贅沢をすることもなかったんです。「パパは確かにすごいけど、あなたたちはまだ何者にもなっていないのよ」、そんな線引きを常に意識させていました。

ただ、生まれたときから父親が野球選手だったので、それを特別だと思うこともなかったようです。TVで夫が投げていても、子どもたちは「ふーん」という感じでしたし、記念試合をドームに観に行ったときなんて、Mattは試合早々あの大歓声の中でもおかまいなしで、うとうとし始めて、夜8時を過ぎたあたりでぐっすり眠ってしまうほどでしたから（笑）。

「口を出さずに見守る」が夫婦の決めごと

私と夫は、タイプが全然違います。広く浅くというタイプの私と、一つの道を黙々と突き詰めるタイプの夫。それぞれ得手不得手があるし、凸凹なんですけど、子育てに関してはそこがよかったのかなと感じています。

特に「我が家はこうしていこう」みたいなルールを言葉にして決めてはいませんで

したが、とにかく口を出さずに見守るということと、何事も強制はしないということは夫婦揃って徹底していました。学校選びに関しても、将来の職業に関しても、まず本人がどうしたいかを聞き、それを否定したことはありません。

夫は本当に強い人です。怪我などの逆境をいつも黙々と乗り越えてきました。今も昔も、夫は自分の苦労話を「パパはこんなふうに大変だったんだぞ」なんて、子どもたちには決して言いません。だけど、子どもたちは夫がどれだけの苦労と努力をしていたか、その背中を見てちゃんと理解していたんじゃないかなとも思います。

夫とは子育てのことで衝突したことはありません。家で子どもといる時間が圧倒的に長い、私の子育てポリシーを常に尊重してくれましたので、夫婦間で子育てのことでもめることもなかったんですね。

だけど、一度だけプロの野球選手を目指したい長男の将来のことで、不安になったことがありました。それは、２００６年に夫が巨人を退団してメジャーに挑戦しようとしたときで、長男が中学2年生、Ｍａｔｔが小学校6年生のときでした。ちょうど長男がどこの高校に行くかを考えるタイミングで、野球のことがわからない私には適切なアドバイスすることができませんでしたし、思春期の反抗期と重なり、長男の気持ちを汲みとって将来のことを私一人で考えていけるか不安でした。今までは、どんなに忙しくても大変でも何かあれば駆けつけてもらえる距離に夫がいましたが、遠征もかなりありましたが、国内でしたし。

一度アメリカに行ったら、1～2年はまったく帰ってこられないこともわかっていました。それに加えて、怪我続きの夫の体も心配で。

気持ちを切り替えられないままとうとう夫の出発の日になってしまったのですが、自宅を出るときから新聞や週刊誌の記者に追いかけられ、空港に着くころには不安がピークに達して人目もはばからず、不安で涙が溢れてしまいました。

まだLINEやSNSのない時代。当時は困ったときに連絡が思うように取れないのでは？と不安でしたが、夫がSkypeを駆使して子どもたちとしっかり話すなどサポートしてくれたので、私の心配は杞憂《きゆう》となりました。

目上の人を敬う礼儀

我が家では目上の人に対しては敬意を持って接するべきだという考えで子育てをしてきました。

なので、うちでの序列は父親＞長男＞次男。家の中でも、子どもたちには目上の人（＝夫）と接する際の礼儀は厳しく教えてきました。家族は小さい社会です。そこでのルールが守れなければ、もっと大きな社会でうまくやっていけるわけがない。それが私の考え方でした。

子どもの意志を尊重することと、礼儀を身につけさせることは、また別の話です。

例えば、長男と夫が珍しく衝突したとき、夫の意見に納得できない長男が私に愚痴を言ってきたとしても、私は間に入ることはせず「パパには考えがあってのことだから、きちんと話し合ってみたら？」と伝えてきました。

もちろん、Ｍａｔｔに関してもその点は、自由にはさせませんでした。小さいころから奔放だったＭａｔｔですが、夫や長男を茶化すような発言は認めませんでした。自由と無礼は違うから、そこをきっちり教えておきたかったんです。

目上の人に対する礼儀を身につけさせることは、社会生活の中で円滑な人間関係を築くベースになります。そのためにも、いかなる状況でも目上の人への礼儀は、ないがしろにしてはならないと思っています。

Ｍａｔｔはあのようなキャラクターですが、芸能界の先輩方にすごく、可愛がっていただいています。口調はずいぶんくだけているものの、先輩方を彼が心からリスペクトしていることを充分に感じていただけているのだと思います。

例えば藤原紀香さん。芸能界の大先輩ですが、Ｍａｔｔにすごくよくしてくださって。時々美容情報のやりとりもしているそうです。Ｍａｔｔが気に入って飲んでいる飲料水や、体のメンテナンスをお任せしているかたは、藤原紀香さんから教えていただきました。

先輩方の素晴らしさを吸収して、これからも成長してほしいと願っています。

夫が現役時代の家族の光景

夫の現役時代、その日の試合に勝っても負けても家庭では一喜一憂せずに、テンションを一定にしておくことが私のルールでした。

勝って帰ってきた日は「お疲れさま。よかったね」、負けて帰ってきた日も「お疲れさま。こんな日もあるよね」といった感じです。

そうじゃないと家の空気が夫の試合の勝敗に左右されてしまう。夫もそれではリラックスできないだろうし、子どもたちに気を遣わせてしまうのも違うと思いました。

ただ、夫が怪我をしたときはやっぱり、どんなに私が気を遣っても、夫も平気なふりをしようとしても、家の空気が重くなりました。現役時代の夫は、何度となく怪我に悩まされてきました。

中には何ヵ月も投げることができないだけでなく、このままでは選手生命が絶たれてしまうのでは？　と思うほどの深刻な事態もありました。どんなときでも家庭内で大きい声を出したり、あからさまにイライラすることのなかった夫ですが、さすがに口数が少なくなってしまうことは多くて。

そういうとき、気を遣いすぎて戸惑ってしまう私や長男と違い、Ｍａｔｔが毎回家の空気を軽くしてくれました。当時の私にはそれがどれほどありがたかったか。「パパ〜」とさりげなく甘えて気持ちを和ませたり、不安を隠しきれない私の気持ちを察して、ずっとそばにいてくれたり。緊張の連続だった夫の現役時代、家の中を明るくしてくれたのは、いつだってＭａｔｔでした。

夫も改めて口にすることはありませんでしたが、いつも感謝していたと思います。

子どもを守る。家族を守る。

短大時代に知り合った夫と結婚して、早いものでもう39年も経ちました。結婚当時は23歳と若く、何もわからなかった私ですが、夫と子どもたちをどうやったら守れるか？　家族が幸せに過ごせるのか？　を常に考えてきました。

例えば、食事面。プロ野球選手である夫と育ち盛りの子どもたちでは、食べるべきものが違ってきます。夫の場合は余分な脂肪を増やさないように、そして質の良い筋肉を維持できるように高タンパク低カロリーな食事が必要。管理栄養士さんにメニューの組み立て方や最適な調理法を習ったりもして、それは必死でした。

一方、息子たちは成長期なので、とにかくお腹いっぱいになる彼らが喜ぶようなメニューに。

外食がなかなかできなかったこともあり、夫と子どもたちで違うメニューを考えて、毎食用意するのは手間がかかりましたが、夫が少しでも長く野球ができるように、食べ盛りの息子たちが健やかに成長できるように食事を作っていました。

今では、家族で外食する機会は昔より増え、食事作りという面ではずいぶん楽になりました。

今回この本を作成するにあたり、昔をよくよく思い出してみたのですが、「あの頃の私、頑張ってたな」なんて、懐かしく思うことはあっても、〝大変だった〟とか、〝自分の時間がなかった〟とは思わなくて。当時はそれなりに大変だったはずなんですが、不思議なものです。

それはきっと、私が家族に寄り添ったぶん、家族も同じだけ私に寄り添ってくれたからだと思います。

特に小さい頃から今に至るまで、Ｍａｔｔは私にとって女友達以上にわかり合える、最高の話し相手でした。その日にあったくすりと笑えるような面白いことから、ちょっぴり心が曇ってしまうようなことまで、何でも話せるし、またその話をちゃんと聞いてくれるから、私の中に不満という〝澱〟のようなものが溜まらなかったのだと思います。

親になって28年。いろいろと悩んだり、ジタバタしてきましたが、この本を書いたことで、いろんなことを思い起こしました。

振り返ってみると、親が子どもにしてやれることなんて、実はそんなに多くはありませんる。そして、どんなに愛していたって、自分の子どもの人生の〝正解〟まではわからない。だからこそ、子どものことを「あなたはあなたのままでいいんだよ」と、全肯定してあげたい。将来の夢に何を選んだとしても、少しくらい失敗してもいいと伝えてあげたい。

そんなふうに子どもの可能性を信じ抜ける自《みずか》らの心の強さを培うことが、親がしてあげられることではないのでしょうか？　そしてその気持ちこそが、子どもが自分を大切にして、その強さを育むのだと思うのです。

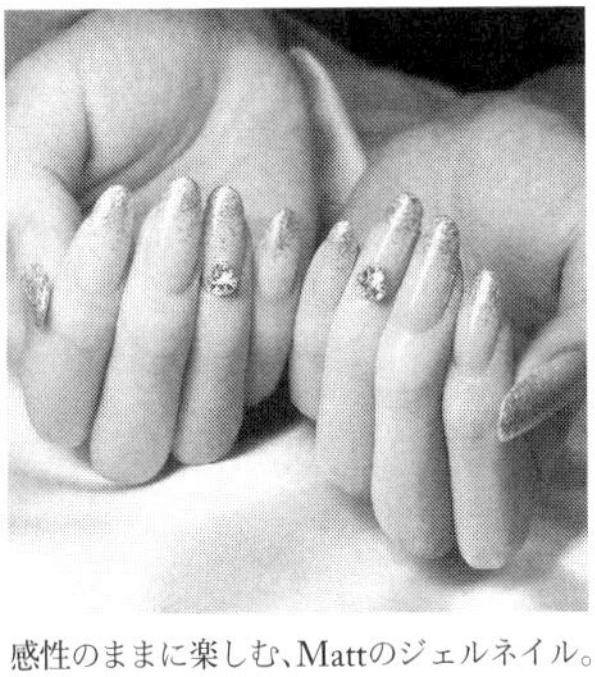

感性のままに楽しむ、Mattのジェルネイル。

Mattさんが語る、母・真紀さんへの想い

お互い見えないGPSがついてる。ママと僕の関係って、そんな感じ。

父親がプロ野球選手だと、その子どもは野球をしなきゃいけないのかな？　今、〝自由に生きる〟がテーマの僕ですら、子どものころはそんなふうに感じていました。家の中での会話は野球の話が中心でしたし、周りもそんなムードだった。僕は野球をするために、生まれたのかな？なんて、子ども心に思ったりして。

だけど一番近くにいた母は、口には出さなくても僕が野球に関心が

ないことに誰よりも先に気づいてくれていて。僕が好きな道で生きていけるように、いつだって応援してくれていました。

野球……、投げるのも打つのも得意でしたが、泥んこになるのが嫌で練習中もダラダラしたり、「バッチコーイ！」みたいな謎の掛け声も嫌でたまらなくて。周りから期待されるのもストレスでした。監督に「あれ、言ったら野球うまくなるんですかね？」なんて、言ったことも。今思うと、なんて生意気な子どもだったんでしょう（笑）。

でもそんなふうに僕が自由気ままに過ごせたのは、母が兄と僕を同じ野球チームには入れずに、誰も僕のことを知らない場所のチームに入れるように手配してくれたからです。

小学校のころにバイオリンをやりたいと僕が言ったときも、母は

「なんで？」とか「野球は？」とは言わずに、最初から「じゃあ、やってみようか！」と応援してくれて、すぐにバイオリンを一緒に買いに行きました。吹奏楽部で、僕が次々に楽器を変えたときも、決して叱ったり、無理強いもしなかった。

そうやっていつも母が僕を否定することなく見守ってくれたからこそ、僕は今、こうして音楽を仕事にすることができています。本当に感謝しかありません。

僕は正直でありたい。誰に対しても、自分に対しても。だけどそれが時には、誤解を生んだり、誰かを怒らせたり、不快にさせることもあって、それをさりげなくフォローしてくれるのは、いつだって母でした。

高校生のころ、学校を辞めようかと思いつめるほど先生と揉めたときも、一方的に「先生に謝りなさい！」なんて言ったりせず、根気よく僕の話を聞いてくれました。

僕がTVに出始めたころ、僕のことを好きじゃないのに近寄ってくる人も多く、そんな人たちの目は、常に僕の後ろに「桑田真澄」を見てました。そして、世間からもいろいろ言われたりもして、本当に悔しかったです。だけど、どんなにつらくても、大人だから笑って返さないといけなくて、すごくストレスを感じていたとき、母が「ママはMattのすばらしさをわかっているから大丈夫。自分に自信を持ちなさい」と、よく励ましてくれました。だからこそ折れずにここまで頑張れたんだと思います。

母も僕もお互いが今、どんなことを考えているのか、感じているのかがわかる——。見えないＧＰＳがお互いについてる感じ。親子ではなく、ソウルメイトです。

母は本当に偏見がない人。僕がこういうメイクをし始めたときも最初は驚いてましたが、「Ｍａｔｔっていうキャラクターなんだから、これくらいでちょうどいいんだよ」と伝えたら、すぐに慣れて、今では「ちょっとメイク薄いんじゃない？」なんて言い出します（笑）。

〝ネイルアートは絶対にダメ！〟という母の言うことをきかない僕がジェルネイルをつけたら、「まったく！　……ん？　なんだか、それ可愛いわね」なんて言って翌週には同じサロンで、まったく同じネイルアートをしてたり。そういう、大人の意地みたいなものが全然なくて、いつだって柔軟で可愛らしいところが、僕は本当に大好きなんです。

こんなことを言ったら父が悲しんでしまうかもしれないけど、父がアメリカに行くと聞いたときは寂しいというより、「すごいね。頑張って！」と、応援する気持ちのほうが強かった。だけどもしそれが母だったら？　野球をやめてからの学生時代をサポートしてくれた母なしでは、今の僕はいなかったでしょう。

小さいころから、外で運動するのも好きだし、室内遊びも好きでした。僕自身は、なにかにつけて男の子、女の子で線引きされるのがとても不思議でした。

今もジェンダーで分けられるのは本意じゃないし、それこそ差別が嫌いです。化粧をしようが、どんな格好をしようが、Ｍａｔｔは

Ｍａｔｔ。母は最初のころは心配してましたが、ジェンダーレスって言葉が一般化した今、やっと生きやすい時代が来たと僕は感じています。

学生時代も今と同じしゃべり方だったから、「オカマみたい」とか「オネエぽい」と言われることもありましたが、母がいつだって僕を全肯定して接してくれたので、安心して毎日を過ごすことができました。

美しくて、優しくて、強い、小さいころから僕の自慢の母。

学生のころは周りに母を見せびらかしたくて、用事もないのに学校まで来てもらったり、家に友達を大勢呼んだりしました。その気持ちは今も、変わっていません。

芸能界に入ったことで、いろいろ叩かれたりもしたけれど、いつだってひたむきに僕を支えてくれました。心ないアンチのコメントに僕より憤ってくれたり、マネージャーとして慣れない連絡や撮影の立ち会いを必死にこなしてくれたり。そんな母の応援があったからこそ、ここまで僕は頑張れました。


〝あなたの代わりはいないのよ〟

〝あなたにしかないものがある〟

〝あなたには素晴らしいものがあるの〟

そして、

〝あなたはあなたのままでいい〟

母がくれた言葉たちは、僕の宝物。この宝物にパワーをもらいながら、僕はずっと輝き続けてみせると、約束します。

もっともっとこの世界で輝いて、必ず恩返しをします。

何がいいかな、大きい家？　それじゃ普通すぎて僕らしくないから、宇宙旅行のほうがいいかな（笑）。そんな日が来ることを、楽しみに待っていてください。

ママ、たくさんの愛をありがとう。大好きだよ。

２０２１年春　Ｍａｔｔ

Matt さんが語る、母・真紀さんへの想い

おわりに

小さいころから、「天使になりたい」が口癖だったMatt。たしか2～3歳のころだったと思うのですが、生まれて初めてサンタさんに願ったプレゼントはなんと、美しい天使の羽でした。Mattの喜ぶ顔が見たくて、クリスマスまでに用意をしました。

ある年なんてサンタさんへの手紙に「サンタさん、プレゼントはちゃんと飛べる羽にしてください」と書いてあり、慌てたことも。小学校に上がるまで、「僕、絶対に天使の羽で飛ぶんだ」と言って譲らなくて。小さいころからピュアなMattでした。

その部分は大人になった今も、変わってないなあと思います。おしゃべりが好きで、何を言われてもへこたれず、すぐに反撃して私をヒヤヒヤさせるところも変わっていませんが。

夫は野球一筋。そして長男は典型的な野球少年。そんな我が家でＭａｔｔが夢中になる〝美しいもの〟には私の感性にも響くものがありましたし、話も合いました。

常に野球ファーストだった我が家の中で、共感を得られる相手がいることは、私にとって楽しくもあり、心強くもあったのです。だから小さなころから今に至るまで、彼は息子であると同時に、親友のような存在でした。

そんな彼が、２０１９年12月に「予想もつかないStory」で歌手デビューを果たしました。父親と同じ野球ではなく、自分で選び進んだ音楽で道を切り拓いたのだと思うと、本当に感無量でした。ああ、

Ｍａｔｔの〝好き〟を否定せず、応援してきてよかったと、心から思える出来事でした。

そしてもうひとつ、本書の製作中に、我が家にとっては大きな出来事が、起こりました。２０２１年1月、夫が15年間離れていた読売ジャイアンツにコーチとして就任したことです。

発表当初は、対応に追われて家じゅうが大騒ぎの時間を過ごしましたが、「忙しい、忙しい」と言いながら、家族全員が嬉しそうで。

先日、こんなことがありました。家族全員が揃ったリビングで、Ｍａｔｔが夫のジャイアンツのキャップをひょいっとかぶり、それを見た夫が「Ｍａｔｔ、帽子が似合わないな～」なんて言って、笑い合っていたのです。

子どものころから野球には距離を置いていたＭａｔｔでしたが、今はこうして、夫の野球界への復帰を心から喜んで笑ってる。その光景を見ていたら、なんだか胸が熱くなりました。

我が家の新しいページがこれから、また開かれようとしています。


子育ては悩みの連続で、しかもたとえ兄弟であっても決して同じではなく、一人ひとりが違うもの。だから、「これをここまでやっておけば大丈夫」という正解はありません。

自分の選択やしつけは、間違っているのでは？　と悩んでいるかたも多いと思います。だけど、子どもと親は別の人間。愛情からくる動機であっても、決してコントロールすべきではないと私は思うのです。

また、我が子に「こうなってほしい」という親の夢を、子どもに託すのは負担になるだけ。しんどくてももどかしくても、話を聞いてあげて、時に選択肢を出してあげて、あとはじっと待つ。そう考えると、子育てってまるで修業のようで（笑）。だけど、我が子のたった一言の「ありがとう」でどんな苦労も忘れてしまう。嬉しそうな笑顔で幸せになれる。そんなご褒美が潜んでいるのも、また事実です。

いわゆる〝普通〟には、まったくもって当てはまらないＭａｔｔ。26歳になった今ですら、ヒヤヒヤの連続です。彼がしっかりしていないということではなく、いくつになっても親は子どもが心配なものです。

そんな気持ちをグッとこらえて、彼の意思を第一に尊重して育ててきたからこそ、今こうやって、厳しい芸能界に身を置くことができ、ＴＶや雑誌などでもお声がけをいただいているのかな？と思います。

Ｍａｔｔは私たち夫婦にとって、たまらなく愛おしい息子。どんなメイクをしていようと、どんな発言をしようと、これからどんな道を歩もうとも、それだけは変わりません。

「あなたはあなたのままでいい」——

私は一生、母としてそう言い続けたいと思っています。

子育てQ&A

現在、子育て中の皆さんから、
桑田真紀さんに聞いてみたい
子育てに関する質問です。

Q

中学2年生の息子は、反抗期まっさかり。常に不機嫌で、家ではほとんど自室に閉じこもりっぱなしで、家族とはロクに口をききません。私に対しては特に反抗的で、話しかけても、「うるさい」「ウザい」とすぐに言ってきます。桑田さんは、お子さんたちが反抗期のときはどんなふうに接していましたか？

A

我が家でも反抗期の長男とぶつかり、彼がある日「うるさい！　出ていく！」となったことがありました。そのとき、私はドアの前に仁王立ちして「行かせません！」と絶対に譲りませんでした。当時の長男は高校生。私より力があり、力ずくで止めることは不可能でしたが、それでも怯まず全力で「ママは絶対にどかないからね」と言いました。そのうえで、「あなたの気持ちをちゃんと聞くし、理解できるように努力するから、ママの話も聞いてちょうだい」とこちらの気持ちも伝え、その結果、長男が苦しい胸の内を話してくれて、落ち着くことができました。反抗期の子どもは自分では処理できない混乱やイライラの中にいるので、なかなか親の想いは届かない。だからこそ、**いざとなったら、親は本気で対峙する**必要があるのかなと思いました。私の場合は〝反抗期だから〟と変に遠慮したりせず、**嫌がられるのも覚悟で声をかけ続けました。**

Q

高校生の息子がメイクに興味津々。毎日、ファンデーションを塗ったり、眉毛を剃ったり描いたりしています。その姿を夫が、「男のくせに」と強く非難するものですから、息子も反抗して、親子関係がかなり悪化してしまいました。私は二人に対してどんな対応をするのが正解なのでしょうか？

A

男性はメイクをしないもの。そういう時代を生きてきた私たちにとって、息子のメイクを認めることってなかなか難しいですよね。私もＭａｔｔのメイク自体は

「ブライダルモデルの仕事のため」というエクスキューズがあったのでそこまで抵抗はなかったのですが、最初は手元のネイルアートは認められませんでした。だけど、今は時代が違うし、そもそもメイクもネイルも〝してはいけないこと〟ではないんですよね。**何に興味を持つかはその子の個性次第。たとえ親でも、否定すべきではない**と思うのです。ただ、こういうときって、お父さんのほうが受け入れるまでに時間がかかるもの。だからお母さんは、息子さんのメイクを否定せず、メイクのどこが楽しいのかを息子さんからよくよく聞き、その価値観に寄り添って、お父さんの理解を促すパイプ役になるのはいかがでしょう。

Q

集団行動が苦手な小学1年生の息子。ドッジボールやサッカーも気分が乗らなければやらないし、運動会のかけっこも嫌がって走らない。みんなの行動についていけず、そのため、クラスで浮いてしまっているようで担任の先生からも心配されてしまいました。個性だと思って割り切るべきか、それともクラスになじめるように説得するか、迷っています。

A

クラスの保護者たちを巻き込んじゃうのもひとつの手だと思います。Ｍａｔｔも小学校時代は、派手なバンダナを頭に巻いたり、ランドセルを頑《かたく》なに使わなかったりと、決して、〝みんなと同じ〟が得意なほうではありませんでした。だけど、私はそれが悪いことだとは思わなかったし、なにより彼の個性を矯正することはしたくなかったので、入学後すぐの**保護者会の自己紹介**で、「うちの息子は、他のお子さんと比べるとちょっと不思議なところがあります。でも私はそれを個性だと思っておりますので、どうか見守ってください」とお願いしたんですね。ともすると誤解を招くこともある我が子の性格を**あえてさらけ出すことで、こちらの思いや覚悟も伝わります。**そのおかげで小学校時代、他のお母さんたちもＭａｔｔのことをそれはもう、温かく見守ってくださいました。

Q

夫の両親の子育てへの過干渉に悩まされています。しつけや着せる服、習い事や、行かせる学校まで、細かく口を出してきます。さらに、ちょっと娘が失敗すると「○○（夫の名前）はそんなことしなかったのに」とまるで私のせいみたいに責められます。夫と夫の両親は仲が良く、距離を置くわけにもいかなくて、ほとほと困っています。

A

祖父母の干渉は、そもそもが愛情からくるものですのでなかなか難しい問題ですよね。旦那さんにとっては、大事なご両親ですし。だけど、言われたことをすべて聞く必要はないと思います。**大事なのは娘さんの気持ちと将来。**「これをやらせなさい」とか「これはやらせてはダメ」という意見も、**娘さんのためになるもの、娘さんがやりたいと言うものだけを聞けばいいのではないでしょうか。**もちろん、そこで「この意見は、娘のためにならないので無視します」と言ってしまうと角が立つし、旦那さんも立場がないでしょうから、一旦は「検討しますね」とにこやかに返事しつつ、**やり過ごせばよい**と思います（笑）。

Q

年子《としご》で生まれた長女と長男は今、2歳と3歳。どちらもイヤイヤ期まっさかりで、子育てがつらいです。なのに夫は育児に全然関心がなく、ほとんど私のワンオペ状態……。彼の仕事が大変なのはわかっているのですが、顔を見るとついイライラしてキツいことを言ってしまいます。

A

自我も芽生えてくるし、目は離せないしで本当に大変な時期ですね。我が家も夫がオフの日はオムツを替えたり、お風呂に入れたりしてくれましたが、野球選手という仕事柄、ナイターの試合で遅くなったり、遠征などで家を空ける日も多く、子どもたちが小さかったころは、本当に大変だった記憶があります。でも、「どうしてやってくれないの？」と思うとその恨み言に自分が囚われちゃう。それに、**やってくれないことばかりに注目すると、自分がどんどん苦しくなってしまいます。**ですから、まずは旦那さんがやったこと、例えばゴミを出してくれた、着替えさせてたことに対して**「ありがとう」という意識に切り替え**、さらに「ゴミを出してくれてすごく助かる！」とおだてながら、ちょっとでもやってくれそうなことを見つけて、旦那さんの仕事を増やしてみるのもありかと思います。

Q

中学生の息子が担任の先生と反りが合わず、学校に行きたくないと言いだして困っています。話を聞いてみると、少々頑固な先生のようで、息子の言い分もわかるのですが……。こんなとき、親としてどのように対応すればいいのでしょうか？

A

Ｍａｔｔも高校生時代、同じようなことがあったのでお気持ち、よくわかります。このようなことがあったときは、息子さんを信じてとことん話し合い気持ちを共有することも大切なのですが、それと同じくらい**先生側とお話しするのも重要**です。両方の言い分を聞いてみないと状況がわかりにくいですし、それに学校側に、**親もこの問題について対処しようとしていると表明**しておくことで、問題をあやふやにさせないという効果もあります。担任の先生では埒《らち》が明かない場合、校長先生に伝えてみる。子どもを守る上でも、問題について大人の関係者の間できちんと認識を共有することが有効だと思います。

Q

小学6年生の娘は思春期に突入したのか生意気盛り。もともと口が達者なこともあり、ちょっとでも私がミスをすると、すぐさま指摘するなど、何かと私に突っかかってきます。私もついつい、カッとなって「可愛くないわね！」と大人げない対応をしてしまって毎日落ち込みます。

A

まずすべきことは、お子さんにミスを指摘されても**「私は頑張ってるし、えらい！」**と自分で自分を認めてあげること。その**自己肯定を繰り返すうちに、何を**

言われても揺らがなくなります。私も実際、そうやって乗り越えてきました。**母親業って正解がない**し、自分がちゃんとできているか不安で、些細なことで落ち込んでしまうこともありますよね。でも小学校6年生まで娘さんを大事に守り、育てたことって本当に素晴らしいこと。それだけでも誇っていいことだと思うのです。ちなみにMattにはいまだに「ママ、前と言うこと違うじゃん」と、ミスを指摘されます。でもそのときにムキにならず、「そうだっけ？　教えてくれてありがとうね」と言うと、ケンカにもならないし、それどころか子どもは〝頼りにされている〟と喜んで、逆に助けてくれるようになりますよ。

Q

大学3年生の息子が突然、ミュージシャンになりたいと言いだしました。一浪までしてやっと入った大学なのに……。親としては正直、普通に会社に就職して堅実な道を歩いてほしいのですが、どうすればよいのでしょう?

A

愛する我が子にはなるべく苦労をしてほしくないという気持ちもわかりますが、子どもの人生は親のものじゃない。その子のものです。それに、無理やり諦めさせてたとえ一流企業に入ったとしても、**それが望む道でなければ、仕事でつらいことに直面したときに踏ん張りがききません。**そこで踏ん張れるかどうかは、その仕事に対して〝好き〟という熱量を保てるかどうか。ポッキリ心が折れてしまっては元も子もありません。Ｍａｔｔも芸能界の道を選びましたが、この先やっていけるという保証はないし、心配なこともたくさん。でも親である私にできるのは、**可能性を信じて見守る**ことだけなんだなと感じます。

Q

小学3年生の息子は優しい性格で争いごとを好みません。そこにつけ込んだクラスのやんちゃなお子さんにしょっちゅう突き飛ばされたり、ノートや教科書を投げられたりしているようです。先日はとうとう、転ばされた拍子に口を切ってしまいました。黙って耐えている息子が不憫《ふびん》だし、この先が不安です。

A

まずは、学校側と話し合うことです。もしかしたら悪ふざけの延長かもしれませんが、怪我をするほどであれば、もう子ども同士で解決できるものではないですし、学校側にも親がこのことを問題視していることをしっかり認識してもらう必要があります。その上で、お母さんには、**お子さんを決して否定しないでいてほしい**のです。子どもってお母さんのことが大好きで、**心配させたくないんですよね。**だから我慢しちゃう部分もある。それなのに「どうして、やめてと言えなかったの？」とか「先生に言わなきゃダメでしょ！」などと言われたら、自分が悪いと思ってしまいます。だから「あなたは本当に素敵な存在なのよ」と、とことん伝える。そして、**どうしたいかを聞き、それに寄り添ってあげてください。**そうすればお子さんもホッとするし、お母さんが味方であることがわかりますから。

Q

Mattさんの周囲の雑音に負けない強さはどこからくるのですか？

かなり個性的ですが、周囲に受け入れられて、存分に〝自分らしさ〟を発揮できているように見えます。

誰からも愛される人に育てる秘訣が知りたいです。

A

人から愛されるためには、**まず自分で自分を好きでいる、認めてあげていることが大事**だと思うのです。それが愛嬌になったり、自信になったりもするので。なのでＭａｔｔは小さいころから少々、他の子と違っていたり、ヒヤヒヤさせられることもありましたが、親としては常に「あなたはあなたのままで最高だ」と全肯定してきました。何があろうと全力で受け止めて、認めてもらえる。そういう存在がいることは、子どもの自信に繋がるし、ポジティブな魅力の原動力にもなると思うのです。また、もし、お友達や学校の先生などとの人間関係で、多少揉めごとが起こったとしても、前向きでいられると思います。親としてはＴＶ番組での奔放さにはドキドキさせられることも多いですけどね（笑）。

桑田真紀《くわたまき》

東京都出身。夫は元プロ野球選手の桑田真澄氏で、2021年1月に15年ぶりに読売ジャイアンツの一軍投手チーフコーチ補佐として古巣に復帰。息子のMatt氏はタレント・歌手・モデルを通じ、ジェンダーレスや個性重視を具現化したような存在として、CMやTV、イベントで活躍中。現在著者はMatt氏のマネージャーを務め、本書が初の著書となる。

STAFF	装丁	井上新八
	本文デザイン	羽鳥光穂
	カバー撮影	城　健太
	スタイリング	福田春美
	編集協力	中川知春

衣装協力／MILKBOY

あなたはあなたのままでいい

子《こ》どもの自己肯定感《じここうていかん》を育《はぐく》む桑田家《くわたけ》の子育《こそだ》て

2021年4月18日　第1刷発行

著　者　桑田真紀《くわたまき》

©Maki Kuwata 2021

発行者　鈴木章一

発行所　株式会社 講談社

〒112-8001
東京都文京区音羽2-12-21
編集　☎03-5395-3469
販売　☎03-5395-3606
業務　☎03-5395-3615

印刷所　株式会社新藤慶昌堂

製本所　株式会社国宝社

本書のコピー、スキャン、デジタル化等の無断複製は著作権法上での例外を除き禁じられています。本書を代行業者等の第三者に依頼してスキャンやデジタル化することはたとえ個人や家庭内の利用でも著作権法違反です。落丁本・乱丁本は、購入書店名を明記のうえ、小社業務宛にお送りください。送料小社負担にてお取り替えいたします。なお、この本についてのお問い合わせは、VOCE編集チーム宛にお願いいたします。定価はカバーに表示してあります。

ISBN 978-4-06-523253-8
Printed in Japan